遍路　知多めぐり

改訂版

巡礼と観光の出会い

篠島港／神風ヶ浜

時志観音 影現寺

篠島

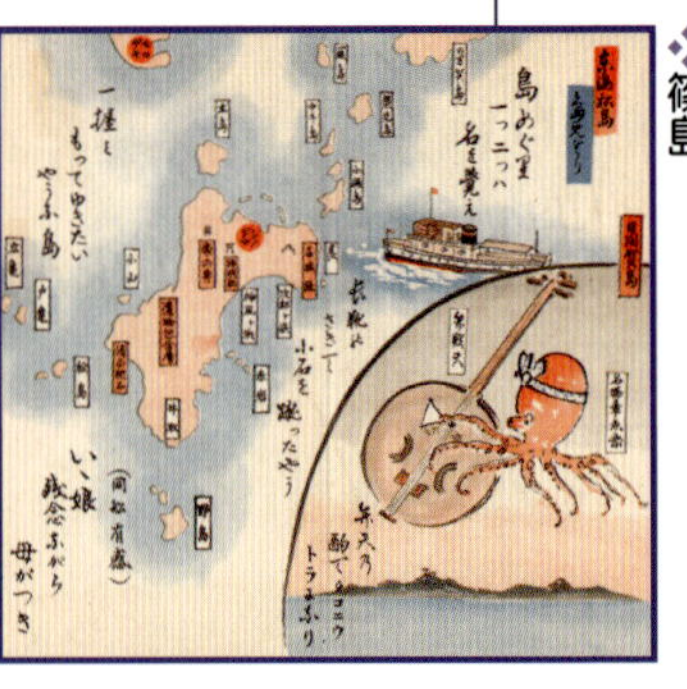

豊浜 鯛まつり

新舞子 海水浴場

佐布里の梅林

「知多半島新四国八十八ヶ所巡拝図会」
吉田初三郎（大正時代）

大野海岸

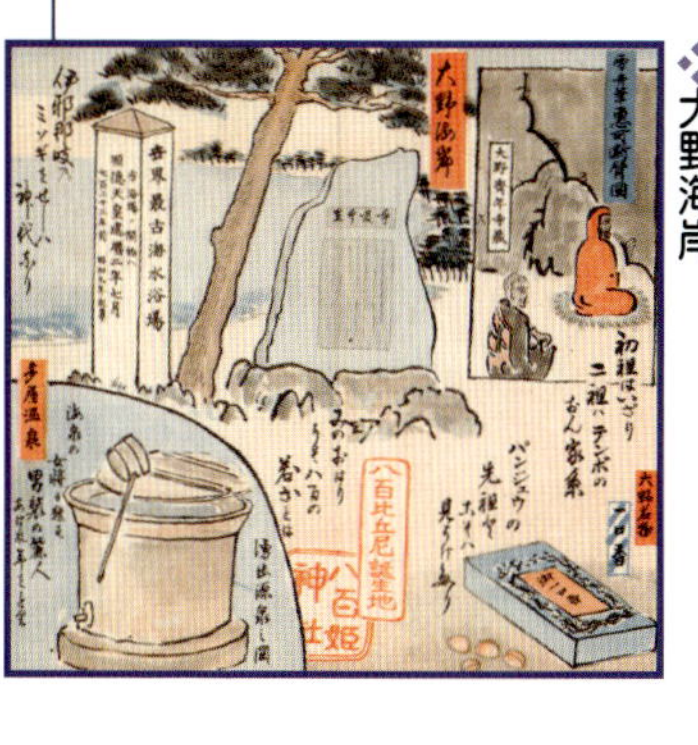

内海

印

「風流漫筆知多めぐ里」より
発行：西濃印刷㈱岐阜支店
所蔵：日本福祉大学知多半島総合研究所

知多四国霊場開創縁起

ちたしこくれいじょう
かいそうえんぎ

現在でも「弘法さん」と親しまれ、敬われている弘法大師空海は、平安時代の初めに遣唐使として唐の国へ渡り、帰国後真言密教を確立、仏教を「学問としての宗教」から「修行と救済を重視する信仰」へと導いた高僧です。

真言密教の聖地・高野山を開き、古くから日本にあった山岳修験道を融合させながら、日常生活から離れた場所で厳しい修行を積み、生きた身体のまま究極の悟りを得て仏となる即身成仏という教えをつくりあげました。

弘仁五年（八一四）、諸国を遍歴していた四十一歳の空海は、三河から海路を舟で渡り、知多半島の東岸・現在の南知多町大井の聖崎へ上陸しました。

三方を海に囲まれた温暖な知多半島。その風景をひと目見た空海は、それがあまりにも生まれ故郷の四国に似ていることに驚き、「西浦や　東浦あり　日間賀島　篠島かけて　四国なるらむ」と詠んだといいます。

上陸後、近くの医王寺と、ひと山越えた山海の岩屋寺に籠り護摩を修法したのち、野間の海岸へ出て陸路を北上、伊勢路へ向かいました。

その後も諸国で教えを広めた空海はさまざまな伝説を残し、承和二年（八三五）、高野山にて永遠の*入定に入ったと伝えられます。

＊入定……精神を統一し、煩悩を消し去り、無我の境地に入ること。弘法大師は現在も高野山で入定を続けているとされる。

時は移って江戸時代、文化六年(一八〇九)三月十七日のこと、現在の知多市新知の妙楽寺の住職・亮山阿闍梨の夢に空海が現れて、次のように告げました。

「ここ知多は、わが宿縁の地である。よってここに八十八の霊場を開き、有縁の衆生を済度するがよい。おまえを助けるため二人の行者を遣わすから、三人で協力し、信心篤いこの地の人びとの援助を得て、この大業を成し遂げるように」

驚いて目が覚めた阿闍梨の枕元には、*四国のお砂が盛られていました。

＊四国のお砂……本四国霊場各札所の砂は札所そのものと同じとされる。新たに霊場を開創する際、各札所には本四国札所の砂が安置される。

夢告を受けた亮山阿闍梨は、ただちに本四国霊場に旅立ちます。三度の巡拝を重ね、その間にお告げの通り、岡戸半蔵行者と武田安兵衛行者という二人の同志を得て、霊場開創に着手しました。

阿久比出身の半蔵行者は、壮年に妻子を失い悲観に暮れたのち、発心してその菩提を弔う日々を送っていました。文政二年（一八一九）、妙楽寺で亮山阿闍梨に出会い、霊場開創の大願に共鳴。私財を投げ打って尽力しました。

安兵衛行者は讃岐国出身。本四国霊場を巡拝中の亮山阿闍梨と高松城下で出会いました。その後、諸国巡拝の旅で知多を訪れ、亮山阿闍梨と再会。その時半蔵行者とも出会い、四国霊場のお砂を持参し亮山阿闍梨への協力を誓いました。

三人は、真言宗のみならず、他宗寺院の協力や援助を受けながら、しだいに理解の輪を広げていきました。そして亮山阿闍梨の発願から実に十五年の歳月が経った文政七年（一八二四）、全札所に弘法大師像を奉安し終えたのでした。これが知多四国霊場の始まりです。

以来、知多四国霊場には、年を重ねるごとに、弘法大師空海を慕う人びとが広く全国から訪れるようになり、香川県の小豆島（しょうどしま）、福岡県の篠栗（ささぐり）と並び「日本三大新四国霊場」と称されるようになりました。札所（ふだしょ）となったそれぞれの寺院では、数々の霊験譚も聞かれます。

開創から二百年余りが経った現在でも、霊場の魅力に惹かれ、巡拝する人が後を絶ちません。亡き人の供養、病気の平癒（へいゆ）、迷いや苦しみからの救済、はたまた人生の再出発の節目として――。さまざまな思いを抱きながら、百九十四キロの道のりを「同行二人（どうぎょうににん）」*でたどっています。

*同行二人……霊場巡拝の道中では、常に弘法大師がそばにいるため、自らと弘法大師、合わせて「二人」で巡拝をしている、という意味。

発刊に寄せて

笠を被り、白衣(びゃくえ)に身を包み、念珠(ねんじゅ)と金剛杖(こんごうつえ)を手にした善男善女が、列をなして山や里を歩いてお寺を巡る「お遍路」が、今再び注目されています。

今までお寺やお参りに無縁だった方々のお遍路。目的は、ご利益(りやく)を得るため？　パワースポットめぐり？　はたまた自己変革や処世の助言が欲しいためだけでしょうか。

これまで私たちは、「便利さ」から得られる満足だけが人生最大の目的であるかのように、悉く(ことごと)それを実現してきました。そんな中起きた「東日本大震災」という未曾有(みぞう)の災害は、自然の猛威の前で人間は非力なことを思い知らされた半面、復興を通した、人間の助け合いの輪の力強さも感じさせ、大切なものをあらためて私たちに教えてくれているようです。

手を合わせながら知多半島の寺々を巡る「巡拝の道」は、今や救済を求める人達だけのものではなくなり、自分の足で歩いて出逢う「発見の道」ともなっております。

本書は、知多四国霊場の開創二百年記念で刊行された旧版に、弘法大師空海(こうぼうだいしくうかい)の知多半島上陸後、霊場が開創されるまでの物語をわかりやすく解説したページ、さらに巡拝者の先達(せんだつ)役となるよう、お参りの手順を写真でアドバイスしたページ、巡拝モデルコースの地図も加え、再編集したものです。

産業、観光、歴史、文学の魅力あふれる知多半島と、札所の見所スポットを存分に楽しみながら、知多を心の故郷と見直していただくための手引きとなればたいへん嬉しく思います。

合掌

知多四国霊場会

目次

※知多四国霊場には、八十八の番号札所と三ヶ所の開山所、そして七ヶ所の番外札所があり、合わせて九十八の寺院で構成されています。巡拝は、いつ、どこから始めても構いませんが、本書では、霊場の長い歴史のなかで定められてきたルート順に各寺院を紹介していきます。

知多四国霊場●巡拝の心得

気軽に巡拝できるのが知多四国霊場の魅力のひとつ。しかし、心身をみがく修行の旅ということを忘れては本末転倒です。道中は修行者としての自覚と節度を保ち、マナーやルールを守り、安全で快適なお参りをしましょう。

巡拝においては、特に服装の規定はありませんが、参考までに伝統的な巡礼姿を左に掲載しました。身支度を整えることで、清浄な心を保ちましょう。くわえ煙草、飲食しながらのお参りは論外です。

金剛杖●
130㎝程の杖で、上部15㎝に五輪（空、風、火、水、地）を刻んだもので、疲れた時や里山歩きに重宝で怪我防止にもなる。橋の上では杖を突かない慣わしだが、これは弘法大師が十夜ヶ橋の下で野宿された伝説に由来している。

遍路笠●
菅笠のことで「迷故三界城・悟故十方空・本来無東西・何処有南北・同行二人」（大意＝こだわりを捨て大らかに生きる）と墨書してある。住所氏名も書いておくとよい。日よけ、風雨よけとして特に歩き遍路には欠かせない。トイレには持ち込まない。

頭陀袋●
納経帳や経本、蝋燭、線香、納め札など巡礼に必要なものを入れておく肩掛けカバン。防水のものもある。さんや袋ともいう。

輪袈裟●
僧侶の袈裟を簡略化したもの。巡礼の時首にかける。食事やトイレの時は外す。

お参りの手順

1 山門より合掌一礼

札所に到着したら、まずは仏さまと弘法大師へのご挨拶。山門より合掌一礼をして境内に入ります。

2 水屋で身を清める

参拝の前に、水屋があれば手と口をすすいで身を清めます。柄杓で水を汲み、左手、右手、そして口の順に清め、最後に残った水で柄杓の柄を清めます。

3 蝋燭、線香をささげる

蝋燭は自らの心の闇に仏さまの灯火をいただくもので、線香は心身を清め、たちのぼる煙とともに仏さまに自らの心を運んでいただくものです。奉納の際は後から立てる方を考慮し奥の方から立てましょう。また、線香の場合、円形の香炉鉢では中央から立てることが望ましいでしょう。

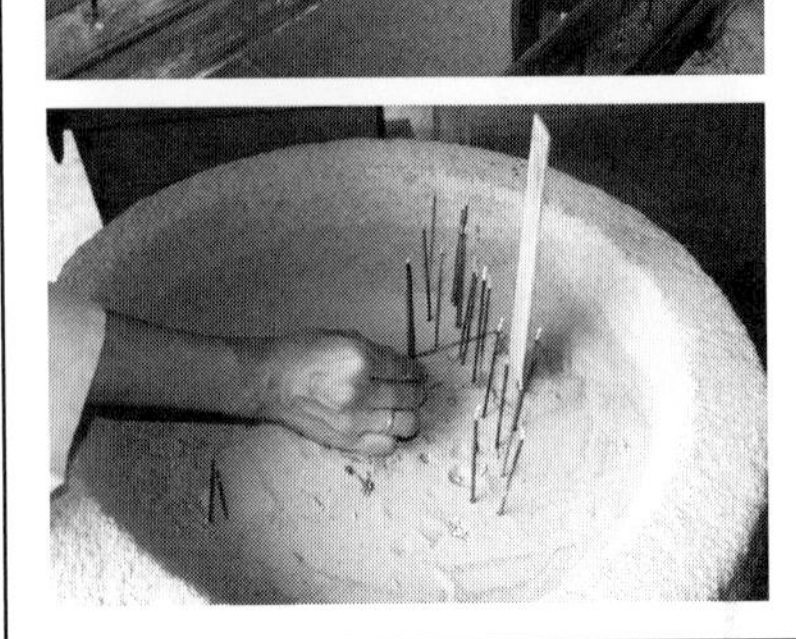

4 納め札や写経などを納める

納め札は自らが巡拝した証しに納める「しるし」であり、仏さまへのご挨拶です。知多四国霊場では巡拝回数で色が異なり、白→一回から・緑→十回以上・赤→二十回以上・銀→三十回以上・金→五十回以上・錦→百回以上となっています。参拝の願意や住所、氏名を紙札に記入し、各札所の「納札入」に入れましょう。また、写経は「写経奉納箱」に納めましょう。

5 本堂前でお賽銭を納め、合掌後「御本尊真言」を唱える

お賽銭を賽銭箱に納めたら、全身をリラックスさせ、胸の前で静かに手を合わせ（神社での柏手と違い、音は出しません）「御本尊真言」を唱えます。数珠は両手の中指に掛け、お参りの前後に数回すり合わせるのが一般的な作法です。

　数珠は直に置いたりせず、数珠袋にしまいます。しまう場合は三匝（三重）にしましょう。また、ネックレスではないので首に掛けることは控えましょう。

　御本尊真言とは各札所の御本尊をあらわすサンスクリット語のこと。御本尊によってそれぞれ異なるので注意が必要です。左のように、御本尊の前に掲げられていることが多いですが、経本にも記載されているので参考にしましょう。

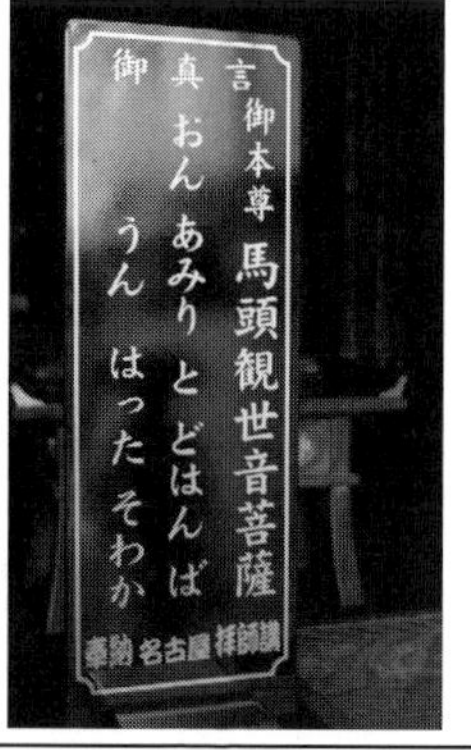

大師堂や弘法大師像の前に進み、お経を唱える

順番は以下の通り。

懺悔文●「私たちは知らず知らずのうちに罪や咎をつくり、人様に対して迷惑をかけていることばかりです」と懺悔(自らの悪業を悔いること)するお経です。

我昔所造諸悪業　皆由無始貪瞋癡
従身語意之所生　一切我今皆懺悔

般若心経●お釈迦様の教えの真髄を短くまとめたお経です。ここでは割愛しますが、経本などを参照に唱えましょう。

光明真言●真言(=マントラ)は「真理を表すことば」という意味です。「全てを照らす光明のおかげで日々の生活がいただけるのです」とお唱えします。(通例では三回唱えます)

おん　あぼきゃ　べいろしゃのう
まかぼだら　まに　はんどま
じんばら　はらばりたや　うん

大師宝号●「この世の一切を遍く照らす弘法大師に心から帰依します」とお唱えします。(通例では三回唱えます)

南無大師遍照金剛

回向●「自分だけがこの功徳をいただくのではなく、全ての人にこの功徳が行き渡りますように、また、全ての人とともに、仏さまの道を成していきましょう」と念じます。

願わくは　この功徳をもって
あまねく　一切に及ぼし
われらと衆生と　みなともに
佛道を成ぜんことを

＊知多四国霊場の御詠歌

御詠歌とは和歌に節をつけて歌ったもので、知多四国霊場では巡拝者がつくり奉納されたものが四種類あります。文政九年(一八二六)のものが最も古く、現在は昭和四十年に奉納されたものをお唱えしています。

7 お経が終わったら、納経所へ向かい宝印をいただく

御納経（おのうきょう）とは、本来は宝前で写経や読経を納めることでしたが、お経を納めた証しに、納経所で納経帳に宝印をいただくことも指すようになりました。知多四国霊場では札所公認の印刷された納経帳が用意されており、ほぼ全ての寺院で手に入れることができます。一度目の巡拝を終えて再度の巡拝でも、同じ納経帳で行いましょう。重ねて宝印をいただき、朱肉で真っ赤になればなるほど尊いとされます。

御納経料金●

納経帳	一札所	一〇〇円
白衣	一札所	一〇〇円
集印軸	一札所	二〇〇円
手書き朱印	一札所	三〇〇円

納経所受印時間●

三月～九月	六時～十八時
十月～二月	七時～十七時

8 山門で合掌一礼

札所を出発の際には、山門で境内に向き直り合掌一礼。道中の安全も祈願して、次の札所に向かいましょう。

曹洞宗

清涼山（せいりょうざん） 曹源寺（そうげんじ）

第1番

威厳のある山門に知多四国第一番の風格を見せる曹源寺は、永正二年（一五〇五）に開創されました。開山の実田以耘（じつでんいうん）大和尚により天台宗として伝わっていた寺は、その後曹洞宗に改められました。

永禄三年（一五六〇）には、近郊で桶狭間（おけはざま）の戦いがあり、二世の快翁龍喜和尚が多数の戦死者を「戦人塚」に弔いました。以来、現在までその御供養が続けられています。また同寺では今川義元の位牌も大切に守っています。

江戸時代の承応三年（一六五四）には火災の被害に遭い、一キロほど離れた現在の地に伽藍（がらん）を再建、享保二年（一七一七）には山門が建立されました。現在の本堂は明治十三年に再建されたものです。

当寺の縁日は毎月二十九日。野菜や花、たいやきなどの露店が出て、地元の人たちで大いににぎわいます。

御本尊	釈迦如来
開基	不詳
開山	実田以耘大和尚

豊明市栄町内山45
☎(0562)97-0915

■名鉄前後駅から0.8km

MAP➡ A-2

必見スポット

[巡拝用品はここで]

曹源寺は1番札所ということもあり、納経場には御朱印帳をはじめ白衣、輪袈裟、杖など、さまざまな巡拝用品が置かれている。まずはここで身支度を整えたい。

知多四国第一番におはします　曹源寺なる釈迦の尊さ

浄土宗

法蔵山（ほうぞうざん） 極楽寺（ごくらくじ）

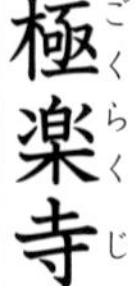

極楽寺は元和六年（一六二〇）、緒川（おがわ）（現東浦町）善導寺の教導所として開創されました。教導は百年にもわたって続けられ、いつしか地域の人びとから親しみを込めて「極楽寺さん」と呼ばれるようになったといいます。その後、現在の本堂が享保年間（一七一六～一七三六）に建立されました。

弘法堂は、大正八年に参拝者からの喜捨と近隣住民からの奉仕を受けて建立されたもの。堂内には千人の信者が一人一体ずつ寄進した、大師の小さな木像・千体弘法が並んでいます。にかわがところどころ剥がれたそのお姿は、ありがたさとともに歳月の重みを感じさせます。

境内には当初、大師像が建つ予定もありましたが、戦争のため中断。長く空いていた台座に来迎（らいごう）観音が建立されたのは平成五年のことでした。

必見スポット

[千体弘法に圧倒]

数えで2歳のときに弘法大師とともに祈願すると諸願が成就するといわれる千体弘法。近年、自作や自宅に安置していた大師像を奉納する人も多いとか。

御本尊	無量寿仏
開基	養誉善栄比丘
開山	彰誉湛秀和尚

大府市北崎町城畑112
☎(0562)46-2016

■JR大府駅から3km
■大府市循環バス「北尾公会堂」から0.2km

MAP➡ A-2

御詠歌 嬉しくも此処に北尾の極楽寺　慈悲円満の弥陀の力に

曹洞宗

海雲山（かいうんざん） 普門寺（ふもんじ）

第3番

普門寺の由緒には、とても興味深い物語が伝えられています。

白鳳元年（六七二）、夜ごと海上に不気味な光を放ち、雷鳴とも車輪の鳴る音とも聞こえる「怪」が現れました。そしてある夜、白雲が虹を架けるように山に連なり、村人たちを震え上がらせたのです。

その夜、横根村に住む信心深い老人が夢の中で「慈眼視衆生、福聚海無量」の声を聞き、「すみやかに堂を建て我を安置せよ」とのお告げを受けました。目覚めた老人が海岸に行くと、そこには流れ着いた一体の観音像が。その観音像を、白雲が指し示した山に建てた堂におまつりすると、昨日までの怪は嘘のように収まったといいます。それが当寺のはじまりです。

秘仏本尊の十一面観音立像は大府市文化財。平成二十一年には十七年に一度の御開帳があり、多くの人が拝観に訪れました。

御本尊	十一面観世音菩薩
開基	不詳
開山	雪山寿盛大和尚

大府市横根町石丸95
☎(0562)46-0164

■JR大府駅から2.2km
■大府市循環バス「普門寺北」すぐ

MAP➡ A-2

必見スポット

[諸願成就の浄め石]

境内には、石柱にはめこまれた輪状の石を回して諸願成就を願う「浄め石」がある。巡拝の際にはぜひお祈りを。

御詠歌 ありがたや寺の名さへも普門品　唱へて暮らせ朝な夕なに

天台宗
宝龍山(ほうりゅうさん) 延命寺(えんめいじ)

参道に入ると、思わず息をのむような荘厳な楼門が彼方に現れる延命寺。鎌倉時代、盛祐上人によって創建された当時は、七堂伽藍を備えていたといいます。応仁の乱の頃に焼失しましたが、比叡山学頭の慶済法印が再興しました。

同じく比叡山からの二世仙慶を経て、緒川城主水野家出身の三世真慶は、水野家より寺領の寄進を受けて寺の基盤を整えました。天正十一年(一五八三)には、横根城主梶川五左衛門から田畑の寄進、さらに江戸時代には尾張藩から二十石余の黒印の安堵を受けています。また、江戸時代には九ヶ郷四十五村の神社の遷宮導師を務めました。

県文化財の「刺繍普賢菩薩」をはじめ、県や市の指定文化財となった絵画、彫刻、典籍も数多く伝えられています。

第4番

必見スポット

[後奈良帝下賜の勅額]

延命寺は、天文2年(1533)、後奈良天皇から「寶龍山」の勅額を下賜された。縦77㎝、横59㎝の大きさで、大府市指定文化財となっている(非公開)。

御本尊	延命地蔵菩薩
開基	不詳
開山	盛祐上人

大府市大東町1丁目279
☎(0562)46-0544

■JR大府駅から0.8km

MAP➡ A-2

御詠歌 心して詣れ其の名も延命寺　地蔵の利益疑ひもなし

曹洞宗

萬年山　常福寺

第6番

壇ノ浦の戦いで敗れた侍大将平景清がこの地に逃れ、草庵を結んだことが常福寺の起こりとされています。隠棲した景清は、「芦沢の井」より湧出する霊水を使って娘の安否と一門の供養を念じました。その読経満願の夜、夢に現れた観世音菩薩のお告げで、九十六文字の「夢想口授の観音経」の木板と、そこで見た千手観世音菩薩の木像を刻んだのです。

寺伝によれば、景清は建保二年（一二一四）、この地に没したといいます。景清の心情を汲んだ村人が堂を建て、木像を御本尊として安置し、常に景清の冥福を祈るということから常福寺の寺号を定めました。寺には景清の位牌が現存しています。

所在地の「半月」という名は、景清が千手観世音菩薩の木像を彫るのに半月かかったということから付けられたといわれています。

必見スポット

［境内で石像鑑賞］

常福寺の境内には朝鮮燈籠や貘、孔子像など異国風の石造物が点在。煩悩の象徴・天邪鬼の石像も境内に３点置かれており、どこか憎めない表情をたたえている。

御本尊	千手観世音菩薩
開基	養泉元育和尚
開山	祖道泰禅大和尚

大府市半月町３丁目151
☎(0562)46-0868

■JR大府駅から2.2km
■知多バス「東半月」から0.6km

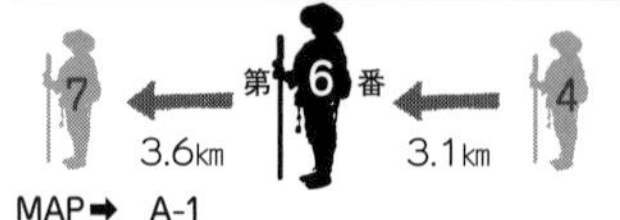

MAP➡ A-1

御詠歌　半月の法の光の輝きて　迷ひの雲も晴れて跡なし

ちょっと一息、知多半島ガイド①

大府市（おおぶし）

市の概要

知多半島の東側付け根に位置する大府市は、明治三十九年に七村の合併によって大府村となり、現在の市域を確定しました。その後、大正四年に町制、昭和四十五年に市制を施行。かつては農村だった地域ですが、明治中期に開通した武豊線の大府駅が東海道線との分岐点になったことで、現在につながる発展をもたらしました。

交通の便に優れるうえ、丘陵地に豊かな緑が広がる風光明媚な環境から、大正時代には日本陶器（現ノリタケ）の社長を務めた大倉和親が別邸を持ったほか、隣接する名古屋市で働く人たちの暮らしの場として選ばれ、共和、大府駅を中心に市街化が進みました。近年では、知多半島道路や伊勢湾岸自動車道が縦横に走り、交通の要としての性格を強める一方、南部には「あいち健康の森公園」が広がり、市民はもちろん、広く県民の憩いの場となっています。

大都市の隣にブドウの産地

明治から大正にかけての大府では、丘陵地での農業を中心的な産業としていました。今もその面影

市の特産品・ブドウ

長根地区を中心に広がる観光ブドウ園では、シーズン中、巨峰やデラウェアなどの果実狩りが楽しめます（写真提供：大府市商工労政課）

大倉公園

威風堂々とした門構えと美しい庭園を持つ大正時代の大倉和親別邸。大倉公園として開放されています（写真提供：大府市商工労政課）

は残り、ブドウ、ヤマイモ、ナシ、キャベツは市の特産品です。昭和三十年代になると自動車関連産業の誘致に努め、現在では内陸工業地域を形成するまでになっています。また、名古屋のベッドタウンとして人口流入も多く、そのため産業興隆と住民生活のバランスを保つことが必要とされるようになりました。

　それらを受けて、あいち健康の森公園を拠点に、長寿と健康増進を図る積極的な取り組みも続けられています。

鉄道の夜明けを見た大府駅

　明治新政府にとって、東京〜大阪間に幹線鉄道を敷設することは喫緊の課題でした。当初、現在の東海道線よりも先にその候補に挙げられたのは、海上からの攻撃を受けにくいという理由から中山道（なかせんどう）に沿った山岳路線でした。その工事に伴う資材陸揚げと運搬の基地として武豊港と武豊線が整備されたのです。

　明治十九年には武豊〜熱田間が開業、翌二十年になって大府駅も営業を始めました。その後、中山道路線は難工事が予測されたため、東海道路線の整備の方が急がれることとなり、二十一年に浜松〜大府間が開業すると、武豊線は支線扱いに。その後も資材運搬の役割を担い、武豊港までの路線も昭和四十年まで存続していましたが、現在では廃止されています。

　時代は変わり、現在の武豊線はその目的を知多半島東部の通勤、通学客の足へと大きく変えることとなりました。朝夕は名古屋までの直通運行がなされ、平成二十七年には沿線の悲願だった電化も完成し利便性の向上が図られています。

あいち健康の森公園

大府市と東浦町にまたがるあいち健康の森公園は約 51.5ha の広大な健康発信地

曹洞宗
彼岸山（ひがんざん）

極楽寺（ごくらくじ）

第7番

極楽寺は永享二年（一四三〇）、玉海通公大和尚により開創されました。尾張と三河の境に位置するため、戦国時代には武士の宿坊として使われていたとも。安政三年（一八五六）、檀信徒の喜捨により伽藍が落成しました。

その後、明治七年、即法玄中大和尚が法地寺院として再興し、現在に至っています。昭和五十三年には、山門脇に曹洞宗本山管長熊沢禅師の「石徳訓」一節を抜粋した石碑のある庭が造られ、平成二年には庫裡の新築も行われました。

境内の別堂・薬師堂には、薬師如来、秋葉権現がまつられています。中でも敬われているのは小さな体の「抱き地蔵」。毎年受験シーズンになると、受験生の保護者らしき人が早朝や夕方にこの「お地蔵さま」を抱き、静かに祈祷している姿が見られます。

御本尊	阿弥陀如来
開基	外山代助
開山	即法玄中大和尚

知多郡東浦町森岡岡田51
☎(0562)83-3520

■JR尾張森岡駅から0.5km

MAP➡ A-2

必見スポット

[抱き地蔵のご利益]

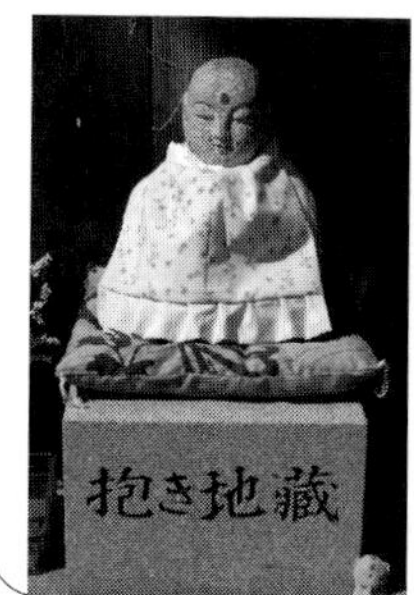

願い事を念じながら静かに目を閉じたあと、両手で抱きかかえ、軽く抱き上げられれば願いがかなうといわれている抱き地蔵。ご利益を授かった人たちからのお礼の品が絶えることがないという。

御詠歌　極楽はいづこと人の尋ねなば　この森岡にもありと教へよ

曹洞宗

上世山（じょうせいざん）　傳宗院（でんそういん）

第8番

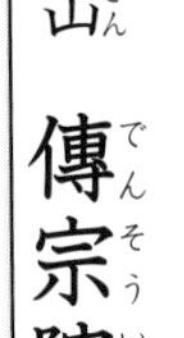

於大（おだい）の方の出生の地・緒川（おがわ）。弘法道の名残を残す細道を上がると、風趣豊かな傳宗院の山門が現れます。織田信長が岐阜に楽市を開いた永禄十年（一五六七）、水野対馬守與次右衛門によって開基され、常滑の天沢院（てんたくいん）四世松隠珠巌大和尚を招請して開山となりました。

三世大良喜歓和尚が美浜町に心月斎を開いて転任した後、無住の平僧地となり、隣接する東光寺の住職が兼務をしていましたが、明治七年、十五世水野嶺梅大和尚が法地を再興しました。

昭和六十二年には庫裡が、また平成七年には本堂の大改修が落慶しました。本尊の延命地蔵菩薩は高さ八十三センチの木像。観音堂の十一面観世音菩薩は、三十三年ごとに御開帳され法要が営まれます。

必見スポット

[小さな妙法さま]

弘法堂の脇には、高さ10㎝ほどの小さな妙法さまがまつられており、連日多くの参拝者が訪れる。女性のしもの病、安産、血の道などにご利益があるという。

御本尊	延命地蔵菩薩
開基	水野対馬守與次右衛門
開山	松隠珠巌大和尚

知多郡東浦町緒川天白48
☎(0562)83-4023

■JR緒川駅から0.6km

MAP➡　A-2

御詠歌　棹さして渡る緒川の伝宗院　迷う我身を乗せて賜へや

浄土宗

浄土山(じょうどさん) 明徳寺(みょうとくじ)

元中八年(一三九一)、現在の明徳寺川に架かる障戸橋の辺りに、法然(ほうねん)上人の孫弟子が「明徳堂」を創建したのが当寺の発祥です。文安四年(一四四七)には阿弥陀十王堂が創建され、その二堂を合同して文明元年(一四六九)、明徳寺が開創されました。

しかしその後、明暦三年(一六五七)の大水害で堂が流失し、正徳元年(一七一一)、十五世徹誉上人が現在の地に堂を建立しました。現在は三十二世に受け継がれています。

弘法堂の荘厳な厨子、鎌倉時代の恵心僧都(えしんそうず)作とされる本尊の阿弥陀如来坐像、どこかユーモラスな十王像など寺宝も数多く、本堂右の秘仏・歓喜天は夫婦和合、金運にご利益があるといわれ、毎年五月五日「花まつり」の御開帳は、多くの参拝者でにぎわいます。

第9番

必見スポット

[巨木が天を突く]

境内には樹齢350年の五葉松があり、庫裡の白壁を背景に緑が映える。また本堂前の蘇鉄は樹齢450年ともいわれている。

御本尊	阿弥陀如来
開基	不詳
開山	心誉秀山大和尚

知多郡東浦町石浜下庚申坊70
☎(0562)83-4071

■JR石浜駅から0.6km

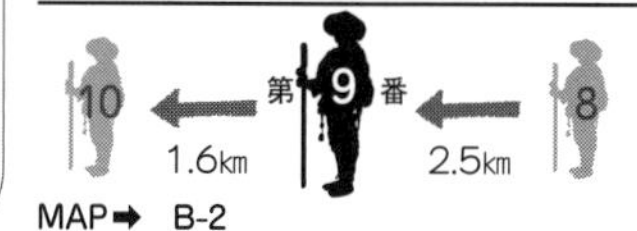

MAP➡ B-2

御詠歌 石浜に光れる月の明徳寺　気高く仰ぐ南無阿弥陀仏

曹洞宗

福聚山　観音寺

第10番

知多四国開創の当時、この小さなお堂は、まだお寺ではありませんでした。寛文三年（一六六三）、生路村中として観音堂が創建され、庄屋支配のもと、村人達からの篤い信仰を集めてきました。畑仕事の行き帰りに手を合わせるような身近な辻堂だったようですが、その信仰の篤さにより知多四国霊場のひとつに数えられることとなり、昭和十七年には寺院に昇格して観音寺となりました。住職は、近隣の常照寺が兼務しています。

行基作と伝えられる御本尊様の聖観世音菩薩は、七年に一度開帳供養が行われます。仏御厨子の鍵は住民選出の信徒総代が管理しており、開帳の時のみ住職が受け取り、終わると返却されるとのこと。住民の手で守られてきた当寺ならではの風習です。

必見スポット

[さすれば治る]

堂内左手に安置された十六羅漢のひとり「びんずる（賓頭廬）さま」の木像。自分の痛むところ、患部と同じ場所をさすると治るとされる。

御本尊	聖観世音菩薩
開基	不詳
開山	不詳

知多郡東浦町生路狭間2
☎(0562)83-1797

■JR石浜駅、東浦駅から1km

MAP➡　B-2

御詠歌　慈悲の目に衆生見給ふ観世音　詣る人びと生路迷はず

曹洞宗

光明山(こうみょうざん) 安徳寺(あんとくじ)

第11番

広々とした境内に心が和む安徳寺。永禄二年(一五五九)の開創当時は衣浦湾に近い低地にあり、たびたび水害に遭ったといいます。

さらに享保の頃には大火で堂が焼失するという災難にも。そのため、保山孚敢大和尚が現在の地に堂を移して、第一世となりました。

八世玄中和尚は能筆家として有名で、大本山永平寺の鐘の銘を記しています。時を経て明治五年の学制発布を受けて同六年、藤江(ふじえ)村、生路(いくじ)村、有脇(ありわき)村が共同で、本寺の衆寮に「反強学校」(現東浦町立藤江小学校)を開設しました。

近年では、伊勢湾台風により鐘楼堂が倒壊しましたが、昭和四十一年に再建されています。

必見スポット

[台風被害を免れた薬師如来]

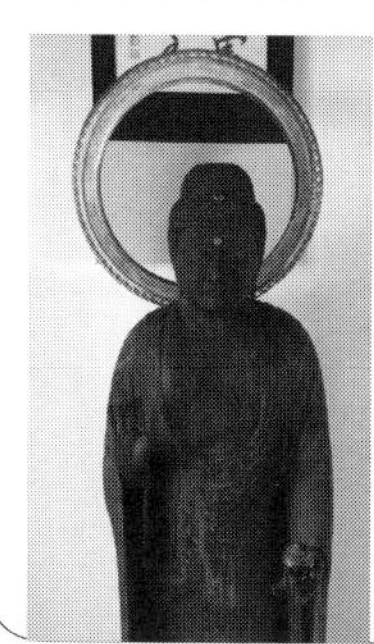

恵心僧都作とされる高さ92.5㎝、木彫の薬師如来像は、台風の前に薬師堂から本堂に移されていたため、流失の難を免れた。東浦町指定文化財でもあり、平成十八年に修復がなされている。

御本尊	釈迦牟尼仏
開基	乾室玖元和尚
開山	保山孚敢大和尚

知多郡東浦町藤江西之宮82
☎(0562)83-2448

■JR東浦駅から0.5km

MAP➡ B-2

 御詠歌 後の世も此の世も心安徳寺　仏の御名に汚れ洗ふて

ちょっと一息、知多半島ガイド②

東浦町

町の概要

東浦町は、知多半島北東部、衣浦湾（衣ケ浦）の最奥部に位置します。明治三十九年に森岡、緒川、石浜、生路、藤江の五村が合併して東浦村となり、その後昭和二十三年に町制が施行されました。

米作からブドウ園に

東浦町はかつて、繊維工業と稲作農業で発展しました。現在は自動車関連産業などが主流ですが、今も衣浦湾に面した地区には、江戸期に新田として開発された水田が広がっています。なかでも承応元年（一六五二）頃に造られた石浜地区「子新田」は最も古く、今もその堤防跡がJR武豊線・石浜駅北に遺されています。

現在は昭和三十年代から丘陵地で栽培が始まったブドウが町の名産に。町内にはブドウを直売する農園が四十カ所近くあり、いくつかの農園ではブドウ狩りも楽しむことができます。

くらしと信仰

東浦町の民俗芸能を代表するのが、毎年十月上旬、藤江神社で秋の祭礼に奉納される「だんつく」と

藤江神社のだんつく

藤江神社で奉納される雨乞いの獅子舞だんつく
（写真提供：東浦町郷土資料館）

ブドウ栽培

町内ではブドウ栽培が盛ん。夏場にはブドウ狩りが楽しめます
（写真提供：東浦町商工振興課）

呼ばれる獅子舞です。享保の頃、横根(大府市)の藤井神社での中止を受けて当地が伝習したとされ、この神事を奉納すると、どんな日照りでも雨が降ったと伝えられます。

また、町内各地区の秋の祭礼では、「おまんと(駆け馬)」が行われます。鈴を背につけた馬に若者が飛びつき、「ハイヨー」の掛け声とともに駆け抜ける勇壮な行事で、祭りでは最大の見せ場になります。特に、森岡の村木神社のおまんとが、馬の数も多く有名です。

家康生母・於大のふるさと

東浦町といえば、徳川家康の生母、於大(おだい)の方(かた)の生誕地としても有名。於大は、戦国時代の享禄元年(一五二八)、緒川城主水野忠政の娘として誕生。東に駿河(するが)の今川氏、北に尾張の斯波(しば)氏と織田氏が勢力を伸ばすなか、忠政は今川方の松平氏と手を結ぶため、十四歳の於大を岡崎城主松平広忠のもとへ嫁がせました。

しかし家康が誕生して間もなく、忠政の跡を継いだ兄信元が織田方についたため、於大は松平氏と離縁。その後、離れても母として家康の天下統一を助け、江戸幕府が開かれる一年前の慶長七年(一六〇二)、京都伏見城で七十五歳の生涯を終えました。

その波乱の人生を今に伝えるのが、於大の夜着をイメージしたモニュメントのある「生い立ち広場」から水野家の菩提寺である乾坤院(けんこんいん)までの、明徳寺川両岸二キロに設けられた歴史散策路「於大のみち」。ほかにも、東浦町郷土資料館「うのはな館」では、於大の木彫立像を見ることができます。

於大の方の木彫立像

凛とした佇まいが印象的な於大の方の木彫立像(中央)
(写真提供：東浦町郷土資料館)

西山浄土宗

亀宝山　年弘法　東光寺

番外

東光寺の由緒は、明治三十三年、三河平坂出身の実空誠感上人が久田文七氏所有の当地に説教所を設け、布教を始めたことに遡ります。同三十六年には和歌山市永山にあった東光寺から寺号本尊を移し、寺院として創建されました。

有名な「年弘法」の名は、実空誠感上人が明治四十年代に奉安した六十二体の弘法大師像から。大師誕生から入定までの六十二年間を一年一体であらわしています。この年弘法がまつられる弘法堂は昭和二十年の三河地震で倒壊しましたが、同五十五年に再建されています。

日限大師、厄除け大師、衆生済度大師をまつる「三体大師堂」は平成七年に再建、本堂と納経所は同十九年に改修が行われるなど、かつての小さな説教所は、参拝者の篤い信仰を受けて年々山容を整えつつあります。

必見スポット

[大師の生涯に思いを]

地震により弘法堂が倒壊したため、現在「年弘法」は45体となっている。両手両足と口に筆をくわえた「五筆和尚」の像などがあり、弘法大師伝説をあらかじめ知っておくとより感慨も深まる。

御本尊	阿弥陀如来
開基	久田文七
開山	実空誠感上人

半田市亀崎月見町3丁目14
☎(0569)28-2622

■JR亀崎駅から0.3km

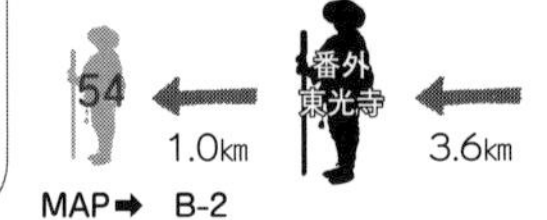

MAP➡ B-2

御詠歌　身はここに心はいつか東光寺　弘法大師念じたる身は

曹洞宗

亀嶺山(きれいざん) 海潮院(かいちょういん)

知多と三河をつなぐ衣浦大橋のたもと近くに建つ海潮院。文明年間(一四八〇頃)、安窓全公首座によって創建された当時は北浦にあり、海長庵と称したといいます。

戦国時代の大永年間（一五二一～一五二七）、伊勢から来た亀崎領主の稲生政勝が、刈谷城主水野家に従い当庵を菩提寺とし、孫の重政が元和年間(一六一五頃)、現在地に移して海潮院と改めました。江戸時代後期には一時荒廃しましたが、鉄柱苑石和尚が復興させ再興初祖となっています。

ところで、五十四番札所がなぜここに？　もともと札所と大師像は美浜町野間の龍松院にありましたが、明治維新の廃仏毀釈(はいぶつきしゃく)で廃院に。その後、野間の別のお寺を経て、明治三十二年、当院に大師像を仮安置、同三十四年十一月に正式に安置され、五十四番札所として承認されたのです。

必見スポット

[失明者開眼の奇跡]

大正元年、東春日井郡水野村（現瀬戸市）の加藤鉄次郎という男性の失明していた両目が、当院の大師像前で突然見えるようになったという。お礼にと残した杖が現存する。

御本尊	釈迦牟尼仏
開基	安窓全公首座
開山	芝岡宗田大和尚

半田市亀崎町1丁目130
☎(0569)28-0549

■JR亀崎駅から1km
■知多バス「県社前」からすぐ

MAP➡ B-2

御詠歌　亀崎の海潮院に波静か　釈迦牟尼仏のまもりゆたかに

曹洞宗

徳応山（とくおうざん） 福住寺（ふくじゅうじ）

第12番

福住寺は、永禄二年(一五五九)、緒川と刈谷の城主だった水野信元が福住村(現阿久比町)にあった修験宗喜蔵院をこの地に移し、砦の鎮護としたのが開創と伝わります。元禄年間(一六八八〜一七〇四)に福住寺と改められました。

明治の中期、芳法林和尚の時に大方無外大和尚を招請して法地となり、五世禅鳳英瑞和尚が堂宇を整備。観音堂の秘仏・聖観世音菩薩は、喜蔵院時代の御本尊と伝わっています。

また、本寺には伝説が数多く、「幽霊半鐘」ゆかりの大街道地蔵堂や、眼病にご利益のある「水弘法」、夢のお告げで三河から移されたという「千体地蔵」など、さまざまな言い伝えが残っています。平成四年、前住職(当時)の英道和尚はこれら郷土の歴史を『有脇の昔話』という本にまとめられました。

御本尊	無量寿如来
開基	円翁呑鏡和尚
開山	大方無外大和尚

半田市有脇町6丁目18
☎(0569)28-0727

■知多バス「有脇」から0.4km
■知多バス「春日山美術公園前」から0.3km

MAP➡ B-2

必見スポット

[“幽霊半鐘”の地蔵堂]

福住寺の北入口にあるのが、村人・弥次兵衛の慰霊のため建てられた「大街道地蔵」。昔、弥次兵衛の幽霊が「生前縁の下に隠した3両で蓮念寺の半鐘を」と夜な夜な現れて訴え、半鐘を鋳造すると幽霊は出なくなったという。もとは現在地北の蓮念寺にあり、平成19年に移された。

御詠歌　極楽もそのままなれや福住寺　後の楽しみ有脇の里

曹洞宗

板嶺山（はんれいざん） 安楽寺（あんらくじ）

安楽寺は文禄二年（一五九三）、洞雲院二世久山昌察大和尚を開山として創建されました。慶安元年（一六四八）に現在地へ移転しています。文化六年（一八〇九）には八世玉峯層山和尚によって再建され、弘法大師尊像奉安などの功績で中興となりました。

大正十年には、山本七郎右衛門氏の発願で法地開山の天柱石門大和尚を初任とし、伽藍諸堂を整備して復興。昭和四十～五十年代にかけて堂宇（どうう）が相次いで再建され境内の様子を一新、平成十七年には新たに山門も落慶しました。

本堂西隣の観音堂にまつられた木造の聖観世音菩薩立像は、行基作と伝えられ、高さは三尺三寸。秘仏として九年に一度開帳されます。また、本堂向かいの経蔵には、大正新修大蔵経が納められています。

必見スポット

[天白地蔵と穴あき柄杓]

地蔵堂には天白地蔵がまつられており、耳の遠い人が穴のあいた柄杓を供えて祈願すると、よく聞こえるようになるといわれる。明治大正の頃、三河や伊勢のような遠方からも柄杓を供えに訪れる人があったという。

御本尊	無量寿如来
開基	山本七郎右衛門
開山	久山昌察大和尚

知多郡阿久比町板山川向21
☎(0569)48-0369

■名鉄坂部駅から1.3km

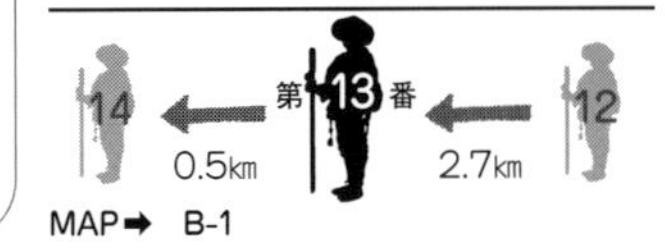

MAP➡ B-1

御詠歌 板山の弥陀に詣れば松ケ枝に　おとなふ風も念仏の声

曹洞宗

円通山（えんつうざん） 興昌寺（こうしょうじ）

第14番

興昌寺は、永禄三年（一五六〇）、桶狭間の戦いに破れた今川勢の家臣・岡戸祢宜左衛門がこの福住に住み、緒川の乾坤院四世亨隠慶泉大和尚を迎えて開山したといわれています。現在も乾坤院の直末寺であり、本尊の華厳釈迦牟尼仏は、京都の仏師竹内右門の名作です。

明和元年（一七六四）に復興後から残っていた茅葺の本堂は、昭和三十五年に子どものロケット花火が刺さり焼失しましたが、三年後にはトタン葺の本堂が落成。当時、地区の雑貨屋さんが花火を置かなくなったというエピソードも。

山門の左にあるのは、知多四国開創の三開山の一人であり、当地に生まれた岡戸半蔵行者をまつる行者堂。半蔵行者の死後、村人たちは近くにあった阿弥陀堂に木像を安置して供養を続けていましたが、現在は当寺の境内にお堂を移しておまつりしています。

必見スポット

[半蔵行者の遺徳をしのぶ]

はじめに半蔵行者の木像が安置された福住の阿弥陀堂は、昭和30年頃に道路拡張により取り壊され、この地に移された。半蔵行者像は開山所・禅林堂（p.62）にも。

御本尊	華厳釈迦牟尼仏
開基	瑶山玉公首座
開山	享隠慶泉大和尚

知多郡阿久比町福住東脇10
☎(0569)48-0741

■名鉄坂部駅から1km

MAP➡ B-1

曹洞宗

龍渓山（りゅうけいざん）　洞雲院（とううんいん）

於大の方（おだいのかた）（伝通院）ゆかりの古刹・洞雲院。その創建は、平安時代の天暦二年（九四八）にまで遡ります。開基は、菅原道真の孫にあたる雅規で、当時は久松寺といい、天台宗の寺院でした。

明応二年（一四九三）、雅規の子孫である久松定益が七堂伽藍を整備し、曹洞宗寺院として再建。開山には、加木屋（かぎや）（現東海市）普済寺の在室泰存大和尚を迎えました。

当院からすぐの場所にある城山公園は、かつての坂部城址。定益の子・定義が築いたこの城に、その子（定益の孫）俊勝の妻として於大は再婚しました。

当院境内には、於大の方はじめ久松家、松平家の墓所がまつられているほか、於大が血書した「仏説阿弥陀経」一巻など、ゆかりの寺宝を数多く残しています。

必見スポット

[於大の方の墓所]

大師堂裏手の山には久松家、松平家の墓地があり、於大の方もそのなかに静かに眠っている。また毎年3月16日にはゆかりの法要「観音懺摩法会（おせんぼ）」も行われる。

御本尊	如意輪観世音菩薩
開基	久松定益
開山	在室泰存大和尚

知多郡阿久比町卯坂英比67
☎(0569)48-0544

■名鉄坂部駅から0.2km

MAP➡　B-1

御詠歌　春の日は梅が谷間に輝きて　久松寺に晴るる淡雲

浄土宗

樫木山(かしきざん)　観音寺(かんのんじ)

第17番

矢高(やたか)集落の丘の外れに建つ観音寺は、開創当時、現在地の西およそ一キロの樫木田村にありましたが、江戸時代の元禄年間（一六八八～一七〇四）にこの地に移転しました。御本尊は江戸時代の快慶の作と伝えられ、五十年に一度しか開帳されない秘仏となっています。

開山・開基の初代善随上人の後を受けて、江戸時代の念仏聖(ねんぶつひじり)として知られる徳本(とくほん)上人の高弟である入誉上人大祐徳住(とくじゅう)大和尚（享保十二年入寂）が第二世となりました。堂の裏手には、徳本流の「六字名号塔」、そして歴代住職の卵(らん)塔(とう)を見ることができます。

明治二十年には庫裡、昭和元年には本堂が建造されました。また同五十七年には、山門に至る石段の裏手に、自動車で巡拝する人たちのために駐車場が整えられました。

必見スポット

[徳本上人の名号塔]

境内に並ぶ２つの名号塔は、右が徳本上人、左がその弟子であり、観音寺二世の徳住和尚の墓石。波打つような独特の書体で「南無阿弥陀仏」と彫られている。

御本尊	十一面観世音菩薩
開基	往誉善随上人
開山	往誉善随上人

知多郡阿久比町矢高三ノ山高15
☎(0569)48-0180

■名鉄植大駅から0.9km

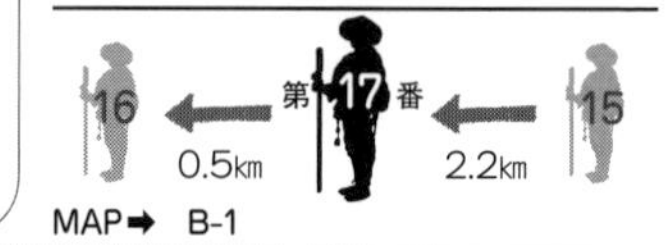

MAP➡　B-1

御詠歌　御仏の其身誓ひも高岡に　真如の月は常に照せる

天台宗

鳳凰山（ほうおうざん）　平泉寺（へいせんじ）

第16番

天長七年（八三〇）、一滴の水もなく、病魔がはびこるこの地を訪れた慈覚（じかく）大師が、加持（かじ）によって井戸を湧出させるとともに、病魔退散を願って建立したという古刹・平泉寺。大師はその時、淳和天皇の勅命を受け、鳳凰を求めて当地に来たとされています。

文治六年（一一九〇）には、源頼朝が父義朝の墓参の帰り、当山の御本尊である尾張不動尊に、国家安穏、国運隆盛を祈願したといいます。また、文永十一年（一二七四）の元寇の際には、後宇多天皇の勅願により、当山で異国降伏の祈願が行われました。

御本尊の尾張不動尊は慈覚大師の作と伝えられ、昭和十二年に国指定文化財とされました。ほかにも愛知県の文化財第一号指定を受けた毘沙門天立像、県下最古の在銘仏像である阿弥陀如来など、多くの寺宝を収蔵しています。

必見スポット

[腰の神さま]

境内には赤く塗られた小さな祠「オカラス大明神」が。かつては女性の信仰を受けていたが、今は男性にも「腰の神さま」として敬われる。

御本尊	尾張不動尊
開基	慈覚大師
開山	慈覚大師

知多郡阿久比町椋岡唐松29
☎(0569)48-0176

■名鉄植大駅から0.8km

MAP➡　B-1

御詠歌　三毒を洗ふて清き平泉寺　不動の利生いとも賢し

曹洞宗

清涼山（せいりょうざん） 奥の院（おくのいん） 海蔵寺（かいぞうじ）

番外

奥の院海蔵寺は、延徳元年(一四八九)に開創されました。寺伝に残る二世田翁和尚は、神通力を持つ非凡な名僧で、遠く離れた高野山に大火が発生したことをいち早く通見。祈祷しながら庭に水をまき、神力によりその大火を消し止めたと伝えられています。

その徳を謝して、高野山主より今も寺宝として残る「蓮糸（れんし）の法衣（ほうえ）」が贈られました。三世昭海和尚の筆軸にはこの時のことが書かれ、弘法堂前には「この寺に大師法来の法衣あり」との石碑も建てられています。明治中期には、霊場会の発足に際して運営と援助に尽力、明治四十二年に「奥の院」として番外に加えられました。

折衷様（せっちゅうよう）と呼ばれる建築の本堂では、御本尊の釈迦牟尼仏と文殊菩薩、普賢菩薩をおまつりしています。

御本尊	釈迦牟尼仏
開基	華草栄香大和尚
開山	月州用敦大和尚

半田市乙川若宮町25
☎(0569)21-0623

■JR乙川駅から1km

MAP➡ B-1

必見スポット

[ケンカ地蔵のいわれ]

山門を入って右に建つ地蔵。昔は2体並んで立っていたが、朝になるとなぜか1体が倒れているので、仲が悪いのかと心配した海蔵寺の住職が一方を門前の参道脇に移した。離ればなれになった地蔵は「ケンカ地蔵」と呼ばれるように。

御詠歌　奥の院高野の山に変らねば　真心こめて頼め諸人

時宗
開運山（かいうんざん） 光照寺（こうしょうじ）

光照寺は、南北朝時代の興国三年(一三四二)、源某の援助によって創建されたと伝わっています。その後、弘治元年(一五五五)に中興開山の白応和尚が復興再建しています。その頃、堂宇は八幡社前の海辺にありましたが、天明年間の暴風雨と高潮で流失、二十数年後、十四世覚阿是興上人の時に現在地へ移転、文化八年(一八一一)十五世廓山上人により現在の堂宇が建立されています。

御本尊と弘法大師を併せまつる別堂の観音堂は当時、寺格から二重の層塔建築が許されていませんでしたが、尾張藩家老の成瀬隼人正（なるせはやとのしょう）に懇願、「庇（ひさし）(向拝（こうはい）)を付ければ塔に非（あら）ず」の名裁定を受けて建立されました。

昭和五十五年には庫裡の改築が落慶、平成十五年には本堂が大改修されました。

必見スポット [勝負事には次郎長地蔵]

幕末の頃、清水次郎長が、元相撲取り「穂北の久六」との決闘前に勝利の願を掛けたといわれる「次郎長地蔵」が観音堂左に安置されている。もとは道端にあったが、明治の道路拡張の折に境内に移設された。

御本尊	阿弥陀如来
開基	照阿天誉海雲和尚
開山	天誉白応和尚(中興開山)

半田市乙川高良町120
☎(0569)21-1589

■JR乙川駅から0.2km

MAP➡ C

御詠歌 乙川の清き流れに佛を　写せば胸の垢や落ちなん

西山浄土宗

前明山（ぜんみょうざん） 光照院（こうしょういん）

第19番

慶長十年（一六〇五）、空念専慶和尚が開山した当時、この地は付近に二十数戸の家があるばかりの海辺の芦（あし）の原だったといいます。そこに西北の前明山（善之山）から土を運び、境内が整備されました。

延宝六年（一六七八）建立の観音堂には、聖徳太子作とも、海で漁師の網にかかったともいわれる秘仏の聖観世音菩薩がまつられています。

弘化三年（一八四六）に本堂を再建。明治二十三年、半田で陸海軍大演習が行われた際には、大本営に隣り合う当院の旧書院が高官の宿舎となりました。

明治四十年に建立された弘法堂では、半田の山車の彫刻を手がけた檀家の初代彫常（ほりつね）作「竜虎」が、また、これより早く同十五年に造られた玄関には、その師匠の彫長（ほりちょう）作の「龍」が飾られています。

必見スポット

[本堂前の仏足石]

釈迦が悟りを開いたというブッダガヤの大塔より写し取られた仏足石。仏の身体に備わっているとされる特徴「三十二相」にのっとり、土踏まずがない「扁平足」である。

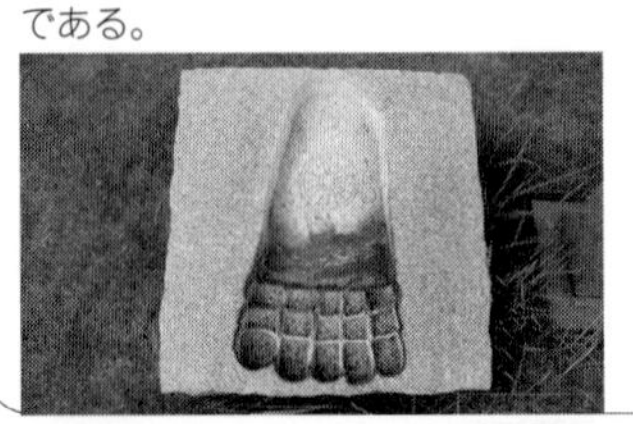

御本尊	阿弥陀如来
開基	不詳
開山	空念専慶和尚

半田市東本町2丁目16
☎(0569)21-0696

■JR半田駅から0.3km
■名鉄知多半田駅から0.7km

MAP➡ C

御詠歌　大慈悲の光りを照らす地蔵尊　救ひ給へよ此の世后の世

曹洞宗
萬松山(ばんしょうざん) 龍台院(りゅうたいいん)

龍台院は天正元年（一五七三）、当地の土豪だった吉田禎輔(よしださだすけ)が堂宇を建立し、珠喦大和尚を第一世として開創されました。当時は観音堂と呼ばれていましたが、慶応元年(一八六五)、甘雨為霖大和尚によって曹洞宗として法地が開かれ、堂も整備されていきました。

昭和二十年には、道路拡張のため境内が大きく削られ、弘法堂も取り壊されてしまいましたが、同六十三年、知多四国霊場開創百八十年を記念して再建されています。

弘法堂の南にまつられた「萬松稲荷」は、元は横須賀町(現東海市)の玉林斎にあったもの。その住職の夢枕に神様が立たれ「巽(たつみ)にあたる半田の龍台院にまつってくれよ。衆生(しゅじょう)の済度(さいど)がしたい」と告げられたため、ここ龍台院に譲られました。明治三十年のことといいます。

第20番

必見スポット

[手足弘法で平癒祈願]

龍台院の弘法さまは「手足弘法」と呼ばれている。堂の前に置かれている手と足をかたどった木の棒で患部をさすりながら「南無大師遍照金剛」と唱えて平癒を祈願する。

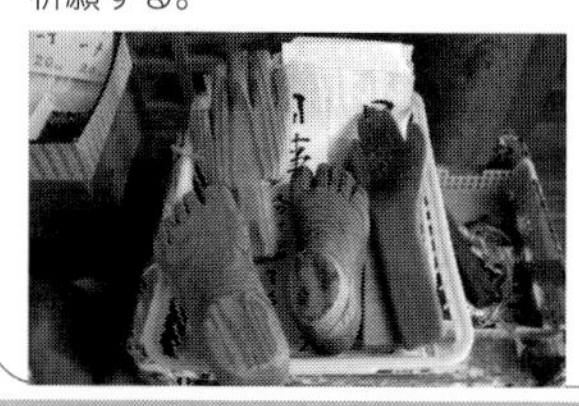

御本尊	十一面観世音菩薩
開基	吉田禎輔
開山	甘雨為霖大和尚

半田市前崎東町35
☎(0569)21-0994

■名鉄知多半田駅から0.4km
■JR半田駅から0.5km

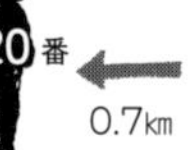

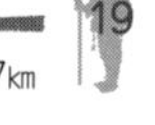

MAP➡ C

御詠歌 千歳ふるつるの林の大悲閣　えんぶだごんの光り輝く

西山浄土宗

天龍山（てんりゅうざん） 常楽寺（じょうらくじ）

第21番

文明十六年（一四八四）、空観栄覚上人が応仁の乱の戦没者供養のためにと発願、開創されました。尾張藩初代藩主の徳川義直から「浄土宗西山派知多一郡の総本寺なり」とお墨付きを得た、知多における念仏発祥の寺です。

八世典空上人は徳川家康の従弟（上人の母は家康の母・於大の方の妹）だったことから、桶狭間の戦い、本能寺の変、上洛の途次と、家康が三度訪れたといわれます。

大正十三年には本堂が火災により焼失しましたが、昭和十五年に再建。十二間四面の風格ある建物には、木曽の御料材や県有林の良材が使われ、国宝建築物技師の監督により造営されました。

四つある塔頭のうち遣浄院が平成七年、眞如院が同十年に再建、同十九年十一月には本堂、観音堂などの大規模な改修が落慶しました。

必見スポット

[法然上人を偲ぶ御忌会]

数ある行事のなかでも、宗祖法然上人の遺徳を偲んで毎年3月25日に行われる「御忌会」は見もの。この日は知多半島の常楽寺門中寺院40数カ寺の僧侶が集まり、導師を中心に、楽人や僧侶、檀家などが寺の周囲を一周する。

御本尊	阿弥陀如来
開基	空観栄覚上人
開山	空観栄覚上人

半田市東郷町2丁目41
☎(0569)21-0268

■名鉄成岩駅から0.4km
■名鉄青山駅から0.5km

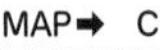
MAP➡ C

御詠歌 常楽の彼岸にやがて到らまし　御名唱ふるは報恩のため

ちょっと一息、知多半島ガイド③

阿久比町（あぐいちょう）

町の概要

阿久比町は、知多半島のほぼ中央に位置し、阿久比川の両岸にのどかな田園風景が広がる町です。海には面しておらず、農業を中心に発展してきました。町制の施行は昭和二十八年で、当時の人口は約一万三千人でしたが、町の中央を名鉄河和（こうわ）線が走ることから名古屋市のベッドタウンともなり、現在は約二万八千人に倍増しています。

ブランド「阿久比米」の故郷

知多の米といえば「阿久比米」。阿久比川両岸一帯は、知多随一の米どころとして知られています。稲刈りを終えた田にレンゲの種をまき、春の開花後に田に鋤（す）きこんで肥料とすることから「レンゲ米」とも呼ばれています。

しかし、ここに至るまでには農民の多大な苦労がありました。知多半島はもともと大きな川がないため水に乏しく、また平地も少ないという、農業には不利な地域です。そのため、かつての村々では「雨池」と呼ぶ農業用ため池の整備が重要でした。大正七年の阿久比町の「溜池台帳」には、個人所有の

阿久比谷虫供養
平安時代に始まったとされる阿久比谷虫供養。今も住民によって受け継がれています

阿久比川両端に広がる水田
知多随一の米どころ、阿久比川両岸にはのどかな水田の風景が広がります

小規模なものも含めると、実に一千百個以上の「雨池」があったとされます。

それでも毎年、農民は干害に苦しめられました。特に昭和二十二年の干害は、阿久比をはじめ知多各地に大きな被害を及ぼしました。

それをきっかけに昭和二十四年九月、「愛知用水期成同盟」が発足し、国家事業となった愛知用水が昭和三十六年に完成しました。これにより、阿久比の農業も大きく発展することになったのです。

ちなみに近年は菊栽培も盛んで、町民にも菊作りを楽しむ人が多く、毎秋役場横で大きな菊花展が開催されます。

平安時代から続く虫供養

町を代表する伝統的な行事として、愛知県無形民俗文化財にもなった「阿久比谷虫供養」があります。農作物を収穫するために殺生（せっしょう）した虫を念仏によって供養する行事で、融通念仏の始祖である良忍上人の教えにより平安時代に始まったとされます。

現在は毎年秋分の日に、阿久比谷虫供養保存会の町内十三地区が持ち回りで担当し、七つの番小屋と大道場を設けて、二十八人の講人による百万遍の唱和が行われます。また、道場前には衆生を見下ろさんばかりの松の大塔婆が建てられ、その下には綱で囲んだ砂山が造られます。これを乳幼児に素足で踏ませると、かんの虫を封じ、健やかに成長すると伝えられています。

虫供養、松の大塔婆

松の大塔婆の下に造られた砂山を踏ませて、子どもたちの健やかな成長を願います

ちょっと一息、知多半島ガイド④

半田市

「蔵」のまち展望

知多半島一帯の中心都市として栄えていた半田の街は、古くから酒、醤油、味噌などの醸造業が盛んで、現在でも市街地に「蔵」と呼ばれる黒板塀の工場があちこちに見られます。市制を施行したのは昭和十二年、愛知県内では六番目のことでした。

江戸時代には酒粕を利用した酢の醸造が始まり、尾州廻船で江戸に運ばれた酢は、寿司好みの江戸っ子に歓迎されました。また港湾都市でもあったため、戦前は中島飛行機半田工場が開設され、最盛期には三万人近い従業員で海軍航空機の生産が行われていました。そのため戦時中は米軍機の爆撃を受けることが多く、現在でも当時の爪痕が随所に残っています。

戦後は自動車関連産業が進出、知多半島における政治、経済の中心都市となっています。市域西部では、文化施設を住宅地の中に機能的に配置、山車祭りや歴史的な町並みも残され、伝統と文化を継承しつつ、発展を遂げています。

廻船ひしめく海の玄関

江戸時代の尾張藩では、産物を

運河と蔵のまちなみ

酢と酒のまちとして知られる半田市には、運搬用水路として運河が整備され、地域の景観をかたちづくってきました

衣浦湾

半田緑地公園展望台から眺める衣浦湾。かつて渡し舟が知多と三河をつないだ海を、今は大型の貨物船が行き交います

江戸や大坂へ輸送するにあたり、藩の持ち船だけではまかないきれず、多くを知多の廻船に頼っていました。大野村に六十六艘、半田村に三十五艘の廻船のあったことが、寛文年間の記録に残されているほどです。半田の廻船は、文化文政年間に栄え、現ミツカンの創業者・中野（近代になって、中埜（なかの））又左衛門は江戸に運んだ酒や酢で財をなしたといわれています。知多半島の東側に位置し、知多湾から衣浦へと続く一帯は、波も穏やかで廻船の繋留（けいりゅう）には好都合でした。

豪壮な山車は繁栄の証

　桜の便りが聞かれるようになる頃、半田の町では、春祭りの山車曳き廻しに市民のボルテージが上がります。愛知県内に現存する現役の山車約二百台のうち、半数を超える百三台が保有される知多半島一帯。なかでも群を抜いて多いのが半田市の山車で、三月下旬から五月の上旬にかけて、市内十地区では総勢三十一台の山車が曳き廻され、観客を魅了します。

　江戸時代から続く山車曳き廻しも多く、重いものでは六トンを超える山車が猛スピードで曳き廻される妙技には、圧倒されるほどの迫力と、祭りにかける半田っ子の心意気が感じられます。見落とせないのが、山車の細部に施された数々の彫刻。紫檀や黒檀、けやきなどの木目を活かした芸術性豊かな彫りものが、目を楽しませてくれます。

はんだ山車まつり（左）、山車に載せられた「からくり人形」（右）

半田の祭礼には、江戸中期には多くの山車が登場していました。「はんだ山車まつり」は、市内10地区31台の山車が集結する5年に1度の勇壮なイベントです（平成19年10月撮影）

国の重要無形民俗文化財に指定されている亀崎潮干祭り（かめざきしおひ）は、神武天皇が東征の途中、亀崎の浜に上陸したという伝説にちなむもので、五台の山車が神前神社（かみさき）前の干潮の浜辺へ曳き下ろされ、潮風をいっぱいに受ける豪壮な山車を楽しむことができます。平成五年、三十四年ぶりに復活しました。

一方で昭和五十四年、十地区の山車が一堂に会する山車の勢ぞろいが実現しました。半田青年会議所が中心となって主催した「第一回はんだ山車まつり」でのことです。

五年後の第二回はんだ山車まつりは、半田市制施行五十周年にあたり、市民の期待感はいっそう高まりました。以後、五年に一度の開催が続けられ、回を重ねるごとに盛り上がりを見せています（次回開催予定は平成二十九年秋）。

江戸の寿司は半田酢で決まる

知多湾を間に挟み、知多と三河の一帯は古くから醸造業が盛んな地方でした。知多半島では、半田から武豊にかけて湧水に恵まれ、現在でも味噌、醤油の生産が盛んです。江戸時代から盛んだった酒造業の過程で発生する酒粕に注目し、酒粕を原料とした「粕酢」の醸造に成功したのが、前出の中野又左衛門でした。今で言うリサイクルを美徳としていた江戸時代の典型例ともいえるでしょう。酒造家が「酢造り」に手を出すことは、酒に酢酸菌（さくさん）が混入し、酒の品質を落

ミツカンミュージアム（完成イメージ図）

「博物館 酢の里」が平成27年11月にリニューアル（予定）。酢づくりの歴史と技術、食文化の魅力を余すところなく紹介します（提供：Mizkan Holdings）

赤レンガ建物

明治31年、丸三麦酒の工場として建てられた赤レンガ建物。レンガ造の建物として国内で五指に入る大規模な遺構です

とすことになるため、試みる者は多くなかったのですが、進取の気性に富む精神で、そのタブーに挑戦し成功を収めます。

やがて海運の便を活かして江戸に進出した半田の粕酢は、ほどよい甘みと値段の安さから江戸っ子の評判を呼び、絶大な人気を得ることになります。さらに江戸でしか販売しない戦略も大ヒットの要因となり、江戸前の寿司文化を育て上げる功労者となったのです。

明治二十九年、中埜政助（後の五代目中埜又左衛門）、盛田善平ら十五人の発起人により「丸三麦酒株式会社」が設立されました。当時、まだ一般的ではなかったビールの製造工場です。既存の大手四ビール会社に挑戦するがごとく、地方小都市に設立されたメーカーが生み出したブランド「カブトビール」は、結果としてメジャーブランドにはならなかったものの、半田経済人たちの心意気と、財力、技術力を感じさせてくれます。

そのカブトビールの製造工場だったのが、現在も市内に残る「赤レンガ建物」です。この建物は、単に明治の技術を集めた建造物であるだけでなく、戦時中は中島飛行機製作所の倉庫として利用され、そのため米軍機による銃弾跡が残る戦争遺跡としても貴重です。平成十六年には国の登録有形文化財指定を受け、今も堂々たる姿を見せています。

「ごんぎつね」のふるさと

童話作家・新美南吉（にいみなんきち）を知らない人は少ないでしょう。大正二年、当時の半田町岩滑（やなべ）に生まれた南吉の生い立ちは、幼いとき母を亡くし、八歳で養子に出されるという寂しいものでした。半田中学校在学中に書いた童話「ごんぎつね」が鈴木三重吉の目に止まり『赤い鳥』に掲載、東京外国語学校を卒業後、愛知県に帰郷。教壇に立つ傍ら創作活動を続けましたが、昭和十八年、三十歳の若さで世を去りました。現在、生家近くにある新美南吉記念館で、その童話世界の魅力を味わうことができます。

黒板塀が続く文学の道

新美南吉や小説家・小栗風葉（おぐりふうよう）な

ど、明治～大正の文化人の足跡をたどる散策のほかにも、由緒ある建造物を随所で見ることができます。名鉄知多半田駅近くにある瀟洒な明治建築・旧中埜家住宅。ドイツ風の山荘を模したといわれる優雅なこの建物は、戦後の一時期は専門学校の校舎としても利用されました。現在では紅茶専門の喫茶店となっています。

ＪＲ半田駅を越え、運河の十ヶ川を目指せば「ミツカンミュージアム」、さらには「國盛 酒の文化館」と、半田の産業や文化を十分に堪能することができます。半田市役所に通じる源兵衛橋から南方向を見渡せば、両岸には黒い板塀の蔵の町並み。江戸時代から続く半田の町の風情をそのままに残す景観と言えるでしょう。

また、武豊線の半田駅には鉄道資料館、さらに足を延ばして亀崎駅の武豊線開業当時の駅舎など、見所は豊富です。

半田市の堀崎町を中心とする界隈は古くは上半田と呼ばれましたが、海岸線にも近く、江戸時代には船の帆を染める染物屋が何軒かあったことから「紺屋海道」とも呼ばれるようになりました。今も道沿いには当時の風情を伝える古民家や寺社が点在しています。新美南吉もこの道を通って老舗書店・同盟書林（現在も営業中）へ本を買いに行ったといいます。

半田市には、ふと歩いてみたくなる、懐かしい香りのする路地や小路が多く残っているのです。

紺屋海道

かつて界隈に幟を染める染物屋が数軒あったと伝えられる「紺屋海道」。江戸時代には交通の要所として賑やかな街道だったといいます

旧中埜家住宅

明治44年に建てられた旧中埜家住宅は国指定重要文化財。現在は老朽化のため長期間の修復工事が行われています

西山浄土宗

御嶽山　大日寺

御本尊の大日如来には、次のような伝承が残されています。

もとは桓武天皇勅願寺である御嶽山光照院に奉安されていましたが、天文年間（一五三二～一五五五）の戦乱で堂宇がすべて焼失するなか、一人の武士によって運び出され、難から救うために現在の大日池に埋められました。

それから約百年後の明暦年間、長尾村（現武豊町北部）領主の大嶋氏によって池の潅漑工事中に発見され、その夢枕に大日如来が立ち、そのお告げにより、長尾村の観音堂、この大日寺に移されたのです。以来、当寺は明治初年までの約二百年にわたって長尾村の支配寺となりました。

戦前まで「雨乞い寺」とも呼ばれており、御祈祷をあげ、勇み太鼓を鳴らして雨乞いを行っていたといわれています。

御本尊	大日如来
開基	行基菩薩
開山	正空志芳上人

知多郡武豊町ヱケ屋敷69
☎(0569)72-0285

■名鉄上ゲ駅すぐ
■JR武豊駅から0.7km

MAP➡ C

必見スポット

[大日如来の縁日]

かつては旧暦1月28日に「お八日」と称して盛大な修行が行われた本尊・大日如来の縁日。現在は毎年3月の第1日曜日に開かれている。

御詠歌　まんだら界洽く照らす御仏の　功徳長尾の大日の寺

西山浄土宗

意龍山（いりゅうざん）　蓮花院（れんげいん）

応仁の乱の頃、戦乱に苦しむ村人を案じた旅の修行僧がこの地に草庵を結び、農耕の法を伝えました。収穫を喜んだ村人は僧を聖上（ひじり）人と呼び、このあたりを「ヒジリ田」と呼ぶようになりました。

時代は下り永禄三年（一五六〇）、桶狭間の戦いに敗れて成岩（ならわ）の常楽寺に逃げた徳川家康の馬前を払ったという縁により恩顧を蒙って山号をいただき、寺院としての格を高めたと伝えられています。

昭和四十一年、本堂はじめほとんどの堂を焼失するも、同四十五年には当時の住職の純浘権大僧正設計による弘法堂が落慶。続いて同六十二年に本堂、客殿を再建しています。鮮やかな色彩が目を引く本堂の一部には、名古屋の大須観音から譲り受けた材も使われています。

必見スポット

[住職お手製の大師像]

弘法堂前にある大師の坐像と立像は、当時の住職が般若心経を写経した紙で形を整え造られたもの。住職は他にも寺内各所に額や襖絵、水屋観音像など見事な作品を遺している。

御本尊	阿弥陀如来
開基	不詳
開山	洞空教観上人

知多郡武豊町ヒジリ田27
☎(0569)72-0103

■JR武豊駅から0.6km
■名鉄上ゲ駅から0.7km

MAP➡ C

御詠歌　寺の名に因む一蓮托生は　み名を称ふる口にこもれる

曹洞宗

慶亀山(けいきざん) 徳正寺(とくしょうじ)

第24番

徳正寺は、源義朝を討った長田(おさだ)忠致(ただむね)の末裔にあたる徳正道慶居士が、永正十年(一五一三)、義朝の供養のため当地に草庵を建て地蔵尊をまつったことに始まります。

その後、動巌珠運和尚によって開山され、地蔵堂を改めて徳正寺と号しました。

江戸時代に入って、文化・文政年間(一八〇四〜一八三〇)に住職を務めた七世大林良芳和尚の時に伽藍が整備され、明治十五年には瑞応秀苗大和尚が法地開山して現在に至っています。

御本尊の左に奉安されている十一面観世音菩薩は、天平時代の作で重要文化財級といわれています。明治の廃仏毀釈の時、心ある信者が壊されるのを心配して持ちかえり、大切に守りつづけたものが当寺にまつられました。

必見スポット

[大亀をまつった“お亀さん”]

「お亀さん」の名で親しまれる延命無量慶亀尊天は、当地の浜に打ち上げられた大亀をまつったもの。知多には同様に、打ち上げられたり、定置網にかかった海亀を供養し、まつった寺が多い。

御本尊	大通智勝仏
開基	徳正道慶居士
開山	動巌珠運和尚

知多郡武豊町里中92
☎(0569)72-0870

■名鉄知多武豊駅から1km

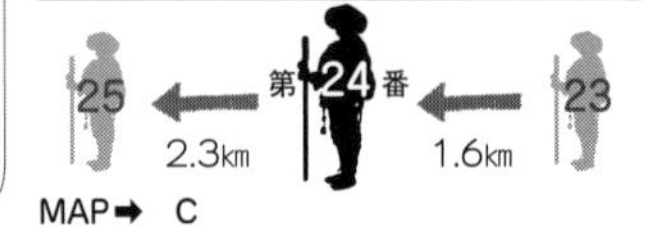

MAP➡ C

御詠歌 法の雨降りかかる身の徳正寺　道大足に知らで行く人

天台宗
法輪山（ほうりんざん） 圓観寺（えんかんじ）

室町時代、現在の武豊町冨貴（ふき）十了付近に建立され、当時は白雲山円光坊と称したとされます。その後、天正二年(一五七四)に白山城址の現在地に移り、現在の山号、寺号に改められました。文政年間築という総欅（けやき）造りの護摩堂（ごまどう）は、昔は金（こん）毘羅堂とも呼ばれ、現在は金毘羅大権現（ぴらだいごんげん）とともに不動明王、薬師如来をおまつりし、毎月十日に護摩祈祷が行われます。

中興十三世旭順法印は学徳に優れ、年に数回は尾張藩主の教授に上がったとか。この地方の寺子屋の開祖ともいわれ、境内には弟子たちによって建立された地蔵菩薩の石像があります。

昭和五十六年には、石仏の西国三十三観音の開眼供養が行われ、平成十九年には境内に観音像が建立されています。

必見スポット

[破顔一笑、布袋さま]

護摩堂には、金毘羅大権現、不動明王、薬師如来とともに、笑顔がユーモラスな一木彫り「弘吉布袋」もまつられている。にこやかな表情に気分が晴れると、多くの参拝者が訪れる。

御本尊	阿弥陀如来
開基	不詳
開山	栄貴法印(中興開山)

知多郡武豊町冨貴郷北97
☎(0569)72-0511

■名鉄富貴駅から0.3km

MAP➡ D

御詠歌 円らかに観給ふ弥陀の慈眼には　富貴も貴賤の別ちなからむ

ちょっと一息、知多半島ガイド⑤

武豊町（たけとよちょう）

港湾から広がる町の発展

明治三十二年に開港し、昭和三十二年には近隣七港を統合して衣浦港となった武豊港と、物資運搬に活躍したＪＲ武豊線が、町の歴史を物語っています。伝統的な産業として、味噌、たまりなどの醸造業、さらに温暖な気候を活かした近代的農業も盛んです。

今も続く味噌作りの伝統

醸造業の盛んな知多半島のなかでも、とりわけ武豊町では味噌やたまりの生産が盛んです。近代になって販路を大きく広げる起因となったのが、いずれも明治時代に設置された武豊港と武豊線です。港湾と鉄道によって運ばれた中国や朝鮮半島からの輸入大豆を利用して、伝統的な産業も活性化されました。その後は産業近代化の波に押され、現在では最盛期に比べ醸造業も激減しましたが、それでも味噌蔵の建ち並ぶ一帯には味噌、たまりの香りがあふれています。

醸造蔵の周囲は黒板塀やレンガで囲われ、狭い道路を歩けば、次から次へと味噌樽が現れます。武豊町で作られる味噌は塩と大豆だけを用いた豆味噌で、熟成期間が

国鉄の転車台

明治19年に開通した国鉄武豊線。その起点となった武豊停車場には、昭和２年に建造された転車台が復元、保存されています

味噌蔵のまちなみ

醸造業で栄えた武豊町で今も伝統の味を守っている里中・大足地区

長めなのが特長です。

鉄道遺跡と竜宮伝説

ＪＲ東海道線大府駅から分岐し、武豊駅まで伸びる武豊線。物資運搬に重点が置かれていた経緯から、終点の武豊発を「下り」、武豊行きを「上り」として扱っています。かつては海ぎわの武豊港駅まで路線があり、いまでもその廃線跡をたどることができます。武豊港駅跡に保存されている貨車用転車台は、ほぼ直角に二つの鉄路が交差するもので、貨物輸送華やかなりし頃をしのばせる鉄道遺跡となっています。

衣浦港には、対岸の碧南市と一体化した工場群が建ち並び、戦後の愛知県経済の飛躍的な発展を支えてきた衣浦臨海工業地域が広がっています。半田市から碧南市へは衣浦海底トンネルが昭和四十八年に開通、平成十五年には新トンネルも開通して、物流と人的交流に大きく寄与しています。

また、武豊町は浦島太郎の竜宮伝説の残る町としても知られています。竜宮という地名も残り、浦島川が流れ、知里付神社には玉手箱なる「あけずの箱」が保存され、境内には浦島神社もまつられています。さらに町内の真楽寺には、太郎が助けた亀のお墓まであります。

亀の墓
東大高地区の真楽寺にある、浦島太郎を助けた亀の墓

衣浦臨海工業地域
衣浦湾を挟んで半田市、武豊町、碧南市、高浜市に大規模な工業地域が広がります

曹洞宗

達摩山(だるまさん) 葦航寺(いこうじ)

元亀元年(一五七〇)、和叟玄光和尚によって開創された葦航寺は、知多四国霊場の三開山の一人・武田安兵衛行者をおまつりしています。安兵衛行者は天明八年(一七八八)讃岐(さぬき)国安原村(現香川県高松市)に生まれました。二十一歳の時に養父が病没、三十三歳の時に故郷を離れて諸国遍歴に旅立ち、翌年、知多半島の各寺を訪れました。

三年後、再び知多を巡拝した安兵衛行者は、南知多大井の医王寺・宝乗院に止住。そこで、かつて本四国で出会っていた亮山(りょうざん)阿闍梨(あじゃり)と再会、霊場づくりのため、ともに東奔西走することに。八十八カ寺の札所に本四国霊場の砂を納め、大師の尊像をまつりました。大業を達成した翌年の文政八年(一八二五)、布土(ふっと)の十王堂にて、三十八歳の若さで亡くなりました。

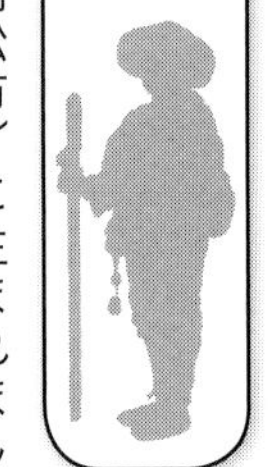

必見スポット

[知多四国開創に身を捧げ]

四国に生まれ、知多に尽くした安兵衛行者の像は弘法堂前に建っている。葦航寺にはほかにも安兵衛行者ゆかりの品として、非公開ではあるが、本四国奉納経、鉦鼓、丁木、短刀、道中記、肖像画などが大切に保存されている。

御本尊	釈迦牟尼仏
開基	和叟玄光和尚
開山	大眞養隣大和尚

知多郡美浜町布土平井131
☎(0569)82-0731

■名鉄河和口駅から1.2km

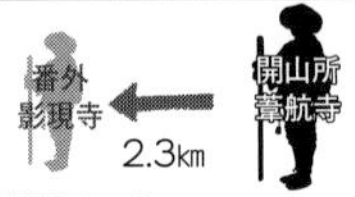

MAP➡ D

御詠歌 一筋に八十八と願立てて　布土の縁でなるぞはたせり

曹洞宗

慈雲山（じうんざん） 時志観音（ときしかんのん） 影現寺（ようげんじ）

時志観音影現寺の由緒は天長四年（八二七）に遡（さかのぼ）ります。この年、佐久島の漁師の網に十一面観音像がかかりました。島内に草庵を結び安置すると、ある夜、島守の夢枕に観音様が立ち「願わくは対岸の陸地に移せ」とのお告げ。像から光明が発し、彩雲たなびいた先が当地だったと伝えられます。高台に草庵を建てて遷座された像はいつしか「時志観音」と親しまれるようになり、この草庵をもとに永正元年（一五〇四）、聖室有賢大和尚を草創開山とし、正徳五年（一七一五）に実山了証大和尚を法地歴住開山として創立されました。

初代尾張藩主・徳川義直が領内一円を巡察中、この観音堂に休息し、由来に感銘。堂宇の修復に金二百両を下付しました。その後、義直の安産祈願をかなえたことから、安産の観音様としても篤い信仰を集めるようになりました。

番外

必見スポット

[霊場屈指の眺望を満喫]

128段の石段を上ると、約1万㎡の広大な境内に。そこから見下ろす三河湾はまさに絶景。境内まで車道が通じているので、足腰に自信がない人は自動車で。

御本尊	釈迦牟尼仏
開基	山沢恩房大和尚
開山	実山了証大和尚

知多郡美浜町時志南平井86
☎(0569)82-0041

■名鉄河和口駅から0.9㎞

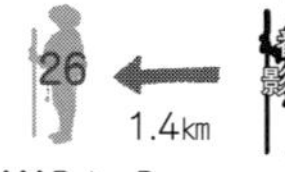

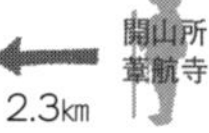

MAP➡ D

御詠歌 時しらぬ利益はいつも有明の　月の光のいたらぬはなし

曹洞宗

龍華山(りゅうかざん) 弥勒寺(みろくじ)

第26番

弥勒寺は慶長元年(一五九六)、友林光益和尚により開創されました。その後、宝暦三年(一七五三)の火災のため堂宇のほとんどを焼失しましたが、八代海嶺祖春和尚と十代天佑良慶和尚の努力によって再建されました。

さらに、十四代悟山實門大和尚が法地勧請を行い、實参道悟大和尚を開山に招請して、自らは二世中興となって当寺の再興に尽力したと伝えられます。明治四十年には本堂を落慶、昭和三年には、五世奇関鉞巌大和尚により弘法堂が再建されています。

平成七年に本堂、開山堂、檀信徒会館などを全面的に整備して、境内の風景を一新。現代美術家協会所属の画家でもあるお庫裡(くり)さまの佐藤八生さんが描いた「天井絵」「道元禅師御絵伝」などが飾られ、年々その数を増やしています。

必見スポット

[地獄絵図の御開帳]

火あぶり、釜茹で、血の池などのようすが描かれた寺宝の「地獄絵図」が、春秋のお彼岸1週間にわたって開帳され、期間中は多くの人が参拝に訪れる。

御本尊	弥勒菩薩
開基	友林光益和尚
開山	實参道悟大和尚

知多郡美浜町北方西側16
☎(0569)82-0511

■名鉄河和駅から0.2km

MAP➡ D

曹洞宗

天竜山(てんりゅうざん) 誓海寺(せいかいじ)

誓海寺は、弘治元年(一五五五)、現在地より海岸に近い場所で開創されました。文化六年(一八〇九)の知多四国霊場開創の折、住職の恵等和尚が発願者の一人・岡戸半蔵行者へ多大な協力をしています。

昭和十九年、海軍航空隊の敷地に徴用されたため、当時百戸ほどの古布(こう)は、村ごと現在地へ移されました。当寺も、土台石から瓦まですべての材料を少しずつ牛車で運び、山の斜面の平らな場所で、二カ月余りかけて組み立てたといいます。

昭和五十五年には梵鐘を鋳造、鐘楼と山門の修復が行われました。山門から丘陵の傾斜地に建つ当寺の全景を眺めると、移転時の人びとの苦労がしのばれます。

なお、当寺の境内には、岡戸半蔵行者をまつる開山所・禅林堂が建てられています。

第27番

必見スポット [大師自作の愛染明王]

愛染堂には、弘法大師自作の3体のうちの1体と伝えられる愛染明王がまつられている。縁結びにご利益があるとされ、未婚の女性やその母親らに信仰されている。

御本尊	釈迦牟尼仏
開基	苍林周栄首座
開山	滄海呑溟大和尚

知多郡美浜町古布善切20-63
☎(0569)82-2219

■名鉄河和駅から4km
■知多バス「古布」から1.4km

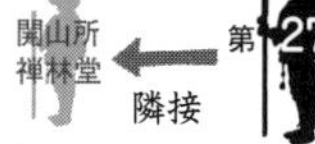

MAP➡ E-1

彼の岸に渡らむ古布の誓海寺　波も静かに法の風吹く

曹洞宗

天竜山（てんりゅうざん） 禅林堂（ぜんりんどう）

開山所

誓海寺の境内にある禅林堂には、知多四国霊場開創の三開山の一人、岡戸半蔵行者がまつられています。半蔵行者は宝暦二年（一七五二）、知多郡福住村（現阿久比町）の農家に生まれました。中年になって妻子に先立たれたことから発心して諸国を遍歴し、篤く弘法大師を尊信、本四国にも数度巡拝をしています。

文政二年（一八一九）、知多四国霊場の開創を願う亮山阿闍梨と出会い、その大願に感銘を受け、武田安兵衛行者と三人で霊場の整備にあたりました。自らの屋敷や田畑も売り払い「大師木像」を寄進するなどして開創を果たし、文政七年（一八二四）三月、誓海寺にて七十三歳の生涯を閉じたのでした。

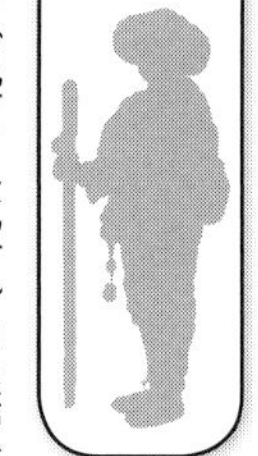

御本尊	釈迦牟尼仏
開基	苔林周栄首座
開山	滄海呑溟大和尚

知多郡美浜町古布善切20-63
☎(0569)82-2219（誓海寺）

■名鉄河和駅から4km
■知多バス「古布」から1.4km

隣接

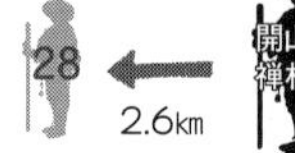

2.6km

28

MAP➡ E-1

必見スポット

[諸国を巡った半蔵行者]

堂の脇には、半蔵行者の立像とともに、全国66カ国の寺社を巡拝し文化13年（1816）に建立した「大乗妙典六十六部供養塔」が。ちなみに半蔵行者の出身地・福住の14番興昌寺（p.36）にも半蔵行者をまつる堂がある。

御詠歌　御仏の恵みのままに身を寄せて　心たのもし禅林の堂

西山浄土宗

浄光山（じょうこうざん） 永寿寺（えいじゅじ）

古い記録によれば、深い山奥だったこの地に八幡神社が造営されたのは十世紀初頭の延喜年間（九〇一～九二三）とされます。

この地は、天正十年（一五八二）、戦に疲れた丹波（たんば）国福知山（ふくちやま）の六人の武士が落ち延び、山を切り開いて作った集落であることから、「切山（きりやま）」と呼ばれるようになったといいます。寛永元年（一六二四）に地福寺を合併、寛政八年（一七九六）、十九世慈空観光和尚の時に法地へ昇格となりました。

当寺は山に囲まれた地にあり、かつて次の札所の正法寺へは、淋しい山越え道を辿っていました。戦後、道路が整備され、車でのアクセスも容易になりました。

平成六年には本堂を改修、同十年には境内が整えられました。

必見スポット

[“切山”の消防ポンプ]

庫裡玄関の軒下に架けられているのは明治時代に使われたケヤキ製の消防ポンプ。地名「切山」の文字が記されている。

御本尊	阿弥陀如来
開基	大応空悦上人
開山	大応空悦上人

知多郡美浜町豊丘西側35
☎(0569)82-1147

■海っ子バス「乙方」から1.6km

MAP➡ E-1

 御詠歌 欲心を只一筋に切山の　永寿の人は弥陀の功徳ぞ

天台宗

大悲山(だいひざん)　正法寺(しょうぼうじ)

正法寺は、源義朝の家臣の鎌田兵衛正清の居城跡に建っています。正清は野間(のま)で舅(しゅうと)・長田忠致の謀略により義朝とともに殺されました。正清の供養のため、天福元年(一二三三)、比叡山の徹円阿闍梨(てつえんあじゃり)が護摩堂を建て、正清の念持仏の毘沙門天を奉安したのが寺のはじまりです。

昭和五十年には、御本尊の毘沙門天をまつる本堂が多宝塔造りで再建されました。しかし平成九年十二月二十四日、深夜の不審火により、鉄筋の本堂を残して弘法堂、客殿、庫裡を全焼する災難に。朝になってようやく消し止められ、その灰燼(かいじん)の中から黒焦げの大師像だけが発見されました。

その後、檀家や参拝者の尽力を受け、平成十三年に弘法堂を再建、翌年三月に開眼式(かいげんしき)が行われました。客殿も同じく再建され「三昧堂(さんまいどう)」と名づけられています。

御本尊	毘沙門天
開基	徹円阿闍梨
開山	徹円阿闍梨

知多郡南知多町豊丘本郷
☎(0569)65-0271

■海っ子バス「運動公園前」から0.2km

MAP➡　E-2

必見スポット

[千枚通しの護符]

正法寺では「千枚通しの護符」が授与される。「南無阿弥陀仏 法忍」と書かれた短冊状の薄い和紙が100枚ひと組になったもので、水とともに飲めば諸病平癒の霊験があるという。1体300円。

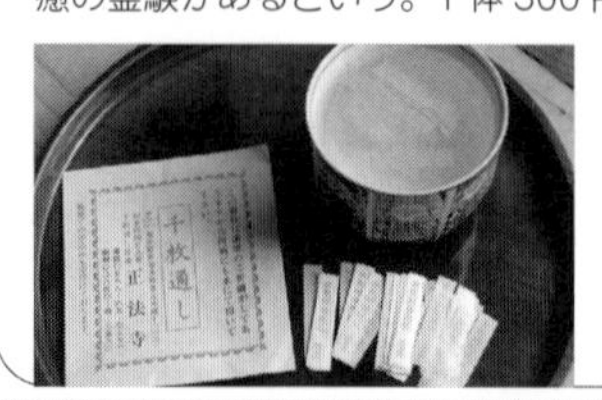

御詠歌　迷はずに正しき法の道行かば　山田に残す毘沙門の徳

第30番

真言宗豊山派
宝珠山(ほうしゅざん)　医王寺(いおうじ)

医王寺は、神亀二年（七二五）、行基菩薩が現在地の西方にある「仏山(ほとけやま)」に草庵を結び、薬師如来を安置して開基されたと伝えられます。また、弘仁五年(八一四)には、舟で三河から知多半島に渡った弘法大師が当寺で七日間の護摩を修法したとも伝えられ、大師の開山とされています。

往時は寺領百八十貫を拝領し、七堂伽藍(しちどうがらん)十二坊を擁しました。しかしその後は、兵火や寺領没収の多難が続き、しだいに往時の面影も失われていきました。現在地に移されたのは建暦二年(一二一二)のことです。

大井五ヶ寺の中核である当寺は現在、一山塔頭(たっちゅう)寺院の利生院、宝乗院、北室院、性慶院の四院が交替で法燈をお守りしています。また御朱印も輪番制で、各院が一年交替で管理しています。

必見スポット

[巨大な絵馬にびっくり]

医王寺所蔵・歌舞伎の曽我十郎、五郎を描いた大きな絵馬。歌舞伎絵の大家・鳥居清信の作で、享保20年（1735）に奉納されたものだ。また当寺には、知多四国霊場開山の1人・武田安兵衛行者の墓もある。

御本尊	薬師如来
開基	行基菩薩
開山	弘法大師

知多郡南知多町大井真向38

■海っ子バス「大井」から0.2km

MAP➡　E-2

御詠歌　大井潟救世の舟に棹さして　渡るも嬉し法の医王寺

真言宗豊山派

宝珠山(ほうしゅざん) 利生院(りしょういん)

第31番

利生院は、神亀二年(七二五)、行基菩薩によって開基された宝珠山医王寺にあった、十二坊中の塔頭(たっちゅう)・東光庵として開創されました。その後、建暦二年(一二一二)に医王寺とともに現在地に移転しました。

御本尊は不動明王で、毎年一月二十八日の初不動では息災護摩供(そくさいごまく)が厳修(ごんしゅう)されます。また寺宝として守られる両界曼荼羅(りょうかいまんだら)は、昭和九年、大師の千百年の御遠忌に室生寺(むろうじ)の丸山貫長師より授けられました。同じく寺宝の孔雀明王図は、元の版画から写した彩色の掛軸を、本堂で拝むことができます。

境内外地「上ノ山」は、戦前まで八十八体の大師像がまつられ「お砂踏み霊場」として信仰を集めていました。平成二十年には「上陸大師像」と向かい合わせに「修行大師像」が建立され「上ノ山公園」となっています。

必見スポット

[弘法様の一年守り]

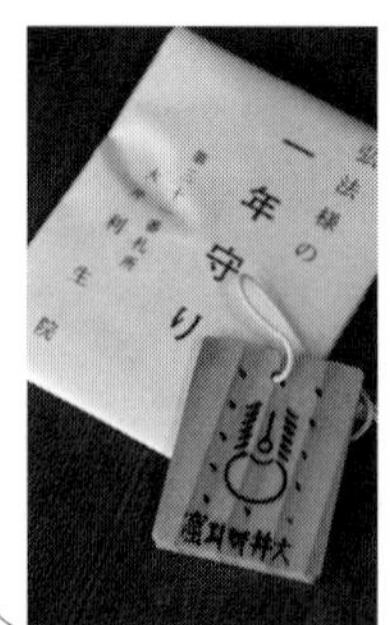

利生院は「弘法様の一年守り」が有名。小さな木札をお守りにしたもので、裏に住所氏名を書き、かばんや自転車に提げる。自転車事故でこのお守りが割れて身代わりになってくれたなど、感謝の言葉も伝わっている。

御本尊	不動明王
開基	行基菩薩
開山	秀圓法印

知多郡南知多町大井真向27
☎(0569)63-0233

■海っ子バス「大井」から0.2km

MAP➡ E-2

御詠歌 阿字の原絶なく八つの風吹けど　利生のちかひ不動磐石

真言宗豊山派

宝珠山（ほうしゅざん）　宝乗院（ほうじょういん）

宝乗院もまた、三十一番札所・利生院と同じく、宝珠山医王寺の塔頭・宝泉坊として開かれ、医王寺とともに建暦二年（一二一二）、現在地に移転しました。路地をはさんで利生院と向かい合って建っているのは大師堂です。

別堂の金毘羅大権現は海上安全の守り神であり、漁業関係者の多いこの地域にあって、常に篤い信仰を集めています。二百年以上前から続くという縁日が現在も行われており、毎年旧暦十月十日には屋台が並び、いつもは静かな町も祭りの雰囲気に包まれます。

また、知多四国霊場開創当時には、当院住職の広修法印が、開山のひとりである武田安兵衛行者に宿を提供するなどの協力をされています。

平成十四年には、本堂右手の位牌堂が再建されました。

第32番

御本尊	十一面観世音菩薩
開基	行基菩薩
開山	秀傳法印

知多郡南知多町大井真向34
☎(0569)63-0844

■海っ子バス「大井」から0.2km

MAP➡　E-2

必見スポット

[歯痛には荒神さま]

本堂前の右手には「荒神さま」の小さな祠がある。歯痛止めや歯痛予防にご利益があるとか。

御詠歌　宝乗の峯にたなびく白雲は　我が身をのせて花の浄土へ

第33番

真言宗豊山派

宝珠山(ほうしゅざん)　北室院(きたむろいん)

医王寺十二坊のひとつ・浄光坊として、行基菩薩によって開創された北室院。弘法大師によって中興され、その後、医王寺とともに現在地に移っています。本堂では今も護摩法を修して法灯を伝えています。

山門を入ってすぐ左手にあるのは、弘法大師ゆかりの「明星井(みょうじょうい)」。江戸時代に刊行された『尾張名所図会』にも「明星水、弘法大師此井ヲ掘リテ護摩ヲ修セラレシトゾ」と、その由来が紹介されています。当院では今もこの明星井の水をお供えに用いているとのことです。

平成四年に山門を再建。両脇に阿吽(あうん)の仁王像が凛々しく立たれました。また、同十年には本堂の屋根の葺き替えなど、大規模な改修が行われました。

また当院は「上陸大師」の納経所になっています。

[聖崎の上陸大師]

大井の町からすぐ、聖崎の「上陸大師」。弘仁5年(814)、三河から船で渡ってきた弘法大師が降り立った地とされ、「聖崎」と呼ばれるのもこのため。ここにはかつて仏の形をした岩礁があったが、波風に削られていつしかなくなった。同じ場所に大師像が立ったのは昭和59年で、以後、巡拝者はこの地にも立ち寄るのが定番となっている。

御本尊	聖観世音菩薩
開基	行基菩薩
開山	弘法大師

知多郡南知多町大井真向11
☎(0569)63-0308

■海っ子バス「大井」から0.2km

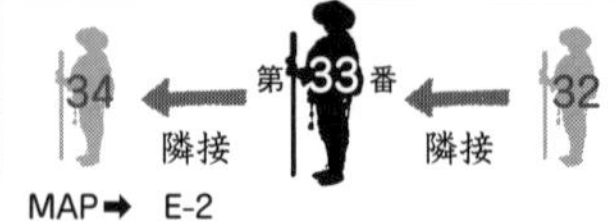

MAP➡　E-2

御詠歌　東西南と心迷へども　詣る浄土は北室の寺

真言宗豊山派

宝珠山(ほうしゅざん) 性慶院(しょうけいいん)

第34番

行基菩薩によって、医王寺十二坊のひとつ・円蔵坊として開創され、弘仁五年(八一四)に弘法大師によって一山が再興されました。その後医王寺とともに現在地に移転し、いつの頃からか性慶院と名を改めて今に至っています。

関ヶ原の戦いで功を遂げた高木氏が後にこの地の地頭になり、医王寺とともに当院も外護(げご)を受けてきました。境内には、その高木氏嫡男十一代にわたる墓石が安置されています。

昭和三十年代に入り、医王寺ほか四院の敷地に県道大井豊浜線が通ることになり、当院と北室院は、医王寺、利生院、宝乗院と道を隔てることに。しかし、塀の色を統一することで、一山の形式を今も保っています。ただし木々が切り倒されたため、当院の印象はずいぶん変わってしまったそうです。

必見スポット

[おきつねさまは大切に！]

本堂左手には福寿稲荷大明神がまつられている。堂の前には左右３体ずつの「おきつねさま」が鎮座しているが、ところどころが欠けている。賭け事にご利益ありといわれ、心ない参拝者が欠いて持ち去ったためだとか。

御本尊	青面金剛
開基	行基菩薩
開山	弘法大師

知多郡南知多町大井丘の下１
☎(0569)63-0682

■海っ子バス「大井」から0.2km

MAP➡ E-2

御詠歌　来てみれば性慶院に花飾り　菩提の種を結ぶうれしさ

曹洞宗

神光山(しんこうざん) 成願寺(じょうがんじ)

第35番

左手に海を眺めながら知多半島の先端・師崎(もろざき)に向かう道すがら、「この門をよけて通れよ風の神とふりに姿のあらん限りは」と歌の彫られた、成願寺の参道入口を示す石碑が建てられています。

この歌を詠んだのは弘法大師で、知多半島に上陸した弘仁五年(八一四)、悪病が流行していた片名(かたな)の地を訪ね、当時は天台宗だったといわれる当寺で厄除けの法を修行しました。大師の加持祈祷によって救われた村人は、大師の霊跡として別堂に修行大師像をまつりました。

元和元年(一六一五)、笑山恵誾大和尚がこの霊跡の荒廃を惜しみ、堂宇を再興して曹洞宗に改宗しました。境内には、先の本堂にあった鬼瓦が「風吹不動」として残されています。平成七年に本堂の瓦を葺き替えるなどの全面改修が行われました。

御本尊	阿弥陀如来
開基	竜喜参公和尚
開山	笑山恵誾大和尚

知多郡南知多町片名稗田9
☎(0569)63-0402

■海っ子バス「片名」から0.3km

MAP➡ E-2

必見スポット

[古より伝わる円空仏]

成願寺には円空が延宝年間(1673～81)に彫ったといわれる「善女竜王像」(町指定文化財)が安置されている。拝観は要予約。当寺のほか46番如意輪寺(p.84)にも円空仏がある。

御詠歌 慈悲深き弥陀をと頼む成願寺　利益をうけよ思ふまにまに

第36番

真言宗豊山派

天永山（てんえいざん） 遍照寺（へんじょうじ）

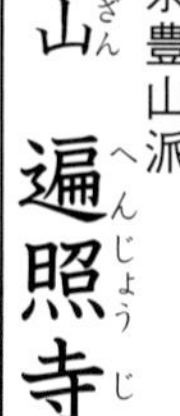

遍照寺は神亀二年（七二五）、行基菩薩により、大井の宝珠山医王寺十二坊中の一院として開創されました。医王寺はその後、建暦二年（一二一二）の火災により全山ことごとく焼失したため、当寺は知多半島の最南端・師崎に移って再興されました。

御本尊に弁財天をまつる知多四国霊場唯一の寺で、これは全国的に見ても珍しいといいます。御像は厨子（ずし）の中にまつられていますが、昭和五十五年、境内に等身大の銅像が建立され、参拝者がそのお姿を拝観できるようになりました。

昭和五十七年に再建、落慶法要が営まれた別堂には、霊場を巡拝するお遍路さんの道中安全を願う「御手引大師」がおまつりされています。巡拝者の手をやさしく引いてくれる大師さまは、多くの巡拝者の篤い信仰を集めています。

御本尊	弁財天
開基	行基菩薩
開山	舜盛和尚

知多郡南知多町師崎栄村15
☎(0569)63-0460

■海っ子バス「師崎東口」から0.2km

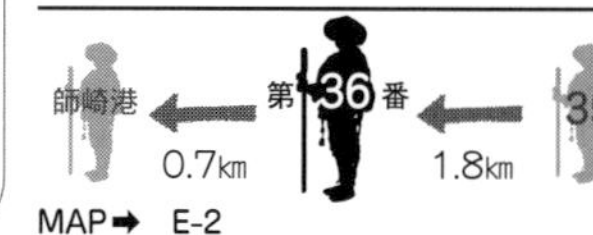

MAP➡ E-2

必見スポット

[師崎から島行き船で]

霊場中、半島部の最南端に位置する遍照寺。次の札所から4カ寺は日間賀島と篠島にあるため、師崎港から高速船を使うのが一般的。便数も多い。

御詠歌　巡り来て友待つ筈の遍照寺　いざや急がん西浦の里

第37番

真言宗豊山派

魚養山(ぎょようざん) 大光院(だいこういん)

大光院は神亀二年(七二五)、行基菩薩によって開創された医王寺の塔頭として建立されました。その後兵火に遭い、建暦二年(一二一二)、一山七坊の一院として日間賀島に移転、再建されています。

元禄四年(一六九一)に再興されましたが、昭和に入って無住の時代も続き、戦後はかなり荒廃しました。昭和四十六年、そこに住職が入って寺院の再興に尽力、同五十年には島民、巡拝者の浄財や青年団の労働奉仕を受け本堂の落慶に至っています。

別堂には金毘羅大権現をまつり、海上安全の守護神となっています。また、日間賀島は三十以上の古墳群が発見されており、当院境内にも発掘済の「大光古墳」があります。

御本尊	大日如来
開基	行基菩薩
開山	弘法大師

知多郡南知多町日間賀島小戸地59
☎(0569)68-2626

■日間賀島・東港から0.3km
■日間賀島・西港から1.7km

MAP➡ E-2

必見スポット

[大師講先達の石像]

「新四国一の景勝地」としてこの地を好んだ岐阜県関市の大師講先達・大塚卯三郎氏。氏をしのび、業績を顕彰する石像と顕彰碑が、関大師講員により昭和55年3月に建立、大光古墳跡に安置された。

御詠歌 心して渡れば波も静かなり　島にさやけき大光の月

曹洞宗

龍門山(りゅうもんざん) 正法禅寺(しょうぼうぜんじ)

正法禅寺は、静岡県袋井市の名刹・可睡斎(かすいさい)の直末門葉(じきまつもんよう)寺院で、貞治元年(一三六二)の開創です。開山の鳳山仙麟大和尚は、駿府(すんぷ)で今川義元の人質になっていた松平竹千代(後の徳川家康)を救い出し、七十日間世話をしたという逸話が残されています。以来、家康の帰依(きえ)は深く、大和尚は十万石(ごく)の大名待遇を受け、可睡斎の十一世住職に、さらに当山一世の士峰宋山大和尚、二世の道仲雲達大和尚もそれぞれ可睡斎の十三、十四世の住職になられています。

明治六年には寺小屋・龍門学校が設けられ、篠島での学問発祥の地にもなっています。

また、寺宝として、寛永十六年(一六三九)に鋳造された雲版、また正保二年(一六四五)に金銀銅鉄をもって鋳造された「龍門の梵鐘」があり、ともに南知多町の文化財に指定されています。

必見スポット

[お伊勢さんに思いを馳せる]

「龍門の梵鐘」には「伊勢度會郡山田庄次橋郷篠嶋村龍門山正法寺」の銘が。かつて伊勢神宮領だった篠島と伊勢地方との繋がりを思わせ、興味深い。

御本尊	釈迦牟尼仏
開基	説宗讃大和尚
開山	鳳山仙麟等膳大和尚

知多郡南知多町篠島神戸219
☎(0569)67-2130

■篠島港から0.9km

MAP➡ E-2

御詠歌 御佛の救世の船に棹さして　わたる篠島正法の寺

浄土宗
寂静山(じゃくじょうざん) 月山(つきやま)・篠山霊場(ささやまれいじょう) 西方寺(さいほうじ)

番外

西方寺は京都・知恩院の直末寺(じきまつじ)で、永正十三年(一五一六)に創建されました。武田信玄が作らせたと伝わる火度見善光寺如来がまつられており、同九年(一五一二)の伊勢神宮火災の際、神宮の鬼門に当たる篠島にこの仏像を安置すれば後世は難を逃れられると宮中から知恩院に下命、建立されたといいます。火度見善光寺如来を見ると短命になるともいわれ、当時は寺社奉行の命令で開帳されたとか。

巡拝者には「月山・篠山霊場」としてなじみ深い寺院ですが、そのように呼ばれるのは、土佐国月灘村(現高知県大月町)の元月山大勢至菩薩と、伊予国一本松村(現愛媛県愛南町)の元篠山大権現十一面観世音菩薩の仏像を奉安することから。この二体の菩薩は本四国霊場巡礼では必ず参拝されていた仏さまで、知多四国霊場巡拝でも同様に参拝されています。

御本尊	阿弥陀如来
開基	安誉上人
開山	安誉上人

知多郡南知多町篠島照浜3
☎(0569)67-2114

■篠島港から1.2km

MAP➡ E-2

必見スポット

[安産弥陀の信仰も篤く]

西方寺本尊の阿弥陀如来は、毎年十夜(10月)から降誕会(4月)までの間、顔に真綿の帽子を付ける。これを外した「御綿」は安産に霊験があるとされ、特に島の女性たちから望まれた。今も「安産弥陀」と呼ばれ敬われている。

御詠歌 皆人の願ふ浄土は何処方ぞ　月もかたむく西方の寺

真言宗豊山派
金剛山（こんごうさん） 医徳院（いとくいん）

医徳院は大井の医王寺一山十二坊の一院で、建暦二年（一二一二）、奥の院神宮寺として篠島に移転しました。寛正二年（一四六一）に医徳院と改めましたが、それにはこんな言い伝えが残っています。

寛正元年（一四六〇）のこと。当院北方の海中に不思議な光が見られ、夢のお告げで漁師が網を入れて引き揚げてみると、薬師如来の御像が。その像が奉安されて御本尊となり、寺名が改められたといいます。その薬師如来、「八十八（やそはち）長寿薬師」とも呼ばれ、祈願をすれば米寿まで長生きできるとか。

その後、天正十年（一五八二）には徳川家康が本能寺の変の難を受けて一旦三河へ戻る途中、ここに一泊しています。その際、島中の僧を集めて武運長久の祈祷会を修したことから、後に御朱印状を賜っています。

第39番

必見スポット

［篠島最古の木造建築］

延享元年（1744）に落慶した本堂は島内最古の木造建築物。かつて篠島が神宮領であったことから、伊勢神宮西方殿の御用材の下賜を受けている。

御本尊	薬師如来
開基	行基菩薩
開山	秀範僧都

知多郡南知多町篠島照浜27
☎(0569)67-3231

■篠島港から1.5km

MAP➡ E-2

御詠歌　生れ来て一度はまいれ篠島の　帝の井戸に医徳かがやく

曹洞宗

青泰山　お亀さん霊場　浄土寺

「わしの若い時や小佐まで通ふた小佐の薬師堂で夜があけた」と古謡に歌われた小佐薬師の旧跡に建つといわれる浄土寺。「お亀さん」と親しまれていますが、明治四十二年、開山の亀岳鶴翁大和尚が、霊亀が白髪の老人となり現れる夢を三晩見た後、小佐の海岸に打ち上げられた海亀を龍亀大菩薩としてまつったことに由来します。

この亀の甲羅には「奉大海龍大神」の文字とともに伊賀上野の谷村佐助と名前が書かれていました。長年の病に苦しんでいたこの人物が、夢に現れた霊亀の「我を供養すれば平癒すべし」の託宣に従い、二見浦で網にかかった亀を買い取り供養したところ病気が平癒。感謝の後、甲羅に大書して再び海に放ったのでした。

別堂にまつられる龍亀大菩薩の脇には、谷村氏からの書状と、亀の写真が額にかけられています。

番外

必見スポット

[“等身大”の龍亀石像]

境内には、龍亀大菩薩を「等身大」で再現した大きな亀の石像が横たわる。昭和40年頃までは、伊賀上野から訪れた巡拝者のなかに、谷村氏と同じ集落に住み、実際に「亀に大きなおにぎりを食べさせた」と話す老人もいたという。

御本尊	薬師如来
開基	天野兵左衛門
開山	亀岳鶴翁大和尚

知多郡南知多町豊浜小佐郷1
☎(0569)65-0359

■海っ子バス「小佐」すぐ

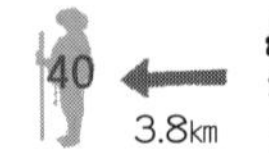

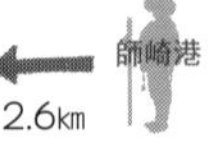

MAP➡　E-2

御詠歌　波の音みのりの声ぞ小佐の崎　浮かぶ心の亀ぞまつれる

曹洞宗

普門山(ふもんざん) 影向寺(ようごうじ)

第40番

当寺は永禄年間（一五五八〜七〇）の創建。かつて当地には浄心寺、影向寺、興福寺の三寺がありましたが、明治初年に統合されて普門山影向寺となりました。御本尊には十一面観世音菩薩が奉祀されています。

大師堂にまつられる子安大師像は、その観世音菩薩の神通力で現れたといいます。安産、子育て、除難、除病に霊験(れいげん)あらたかと広く知られ、全国から多くの祈祷が申し込まれ、厳粛な修行がなされています。特に大師像や経文が描かれた「御守腹帯」の御利益は有名で、この帯を受けるために遠方から訪れる人も少なくありません。

昭和四十六年には境内に子安観世音菩薩が建立、平成七年には本堂の改修が落慶し、わが子の健康を願う母からの信仰を受けつづけています。

必見スポット

[軒下の名彫刻]

本堂正面の梁には、躍動感あふれる獅子や獏の彫刻が踊る。江戸中期に興った建築彫刻の一門・信州下諏訪立川流の名工だった立木音四郎種清の手によるもの。

御本尊	十一面観世音菩薩
開基	不詳
開山	祖芳宗

知多郡南知多町豊浜中之浦84
☎(0569)65-0040

■海っ子バス「中須」すぐ

MAP➡ E-1

御詠歌　中須をも照らせる月の影向寺　彼岸浄土もさやかにぞ見る

西山浄土宗

松原山(まつばらさん) 西方寺(さいほうじ)

第41番

山海(やまみ)の海岸に面して建つ西方寺は永正年間(一五〇四～二一)、傳空松公上人の開山と伝えられますが、火災による古文書の焼失で詳細は不明です。

享和三年(一八〇三)には海上安全の神をまつる金毘羅堂が地元漁師によって復興されましたが、昭和三十四年の伊勢湾台風で倒壊し、境内の大松も潮に洗われ、枯れてしまいました。

しかし、明治三十年から近年まで、本堂や庫裏を開放し臨海教室を開いたり、流木を使って造られたという山門、魚の供養塔など、海辺のお寺ならではの姿を境内各所に見せています。

また当寺にまつられる大師像は、「またたき弘法」の名で、昔から眼病平癒に霊験ありと親しまれてきました。

御本尊	阿弥陀如来
開基	傳空松公上人
開山	傳空松公上人

知多郡南知多町山海屋敷51
☎(0569)62-0372

■海っ子バス「松原」から0.2km

MAP➡ E-1

必見スポット

[海のお寺で魚の供養]

境内の魚供養碑は「海に一番近いお寺に」と、名古屋周辺の鮮魚業者らによって建立された。毎日食卓に上る魚に感謝してお参りを。

御詠歌　皆人の願う浄土は何処方ぞ　月も傾く西方の寺

曹洞宗
瑞岸山(ずいがんざん)　天龍寺(てんりゅうじ)

天龍寺は永禄九年（一五六六）、豊浜の正衆寺第二世祖芳慧宗大和尚を開山に創建されました。開創以来、延寿山瑞岸寺と号していましたが、江戸時代の寛政九年（一七九七）、九世大傳大和尚の時に堂宇を再建、現在の瑞岸山天龍寺と改めました。近くに弘法大師巡錫(じゅんしゃく)跡に生えるケヤキの根元から湧く水があり、古来、村人が「龍泉」と呼んだのがこの寺号のもととなったといわれますが、その湧水も昭和中期の災害で今は涸(か)れています。

御本尊の阿弥陀如来は舟形の後背に五智如来を現したお姿。鎌倉時代の仏師・快慶の作と伝えられます。

第42番

必見スポット

[42番札所に通じる厄除大師]

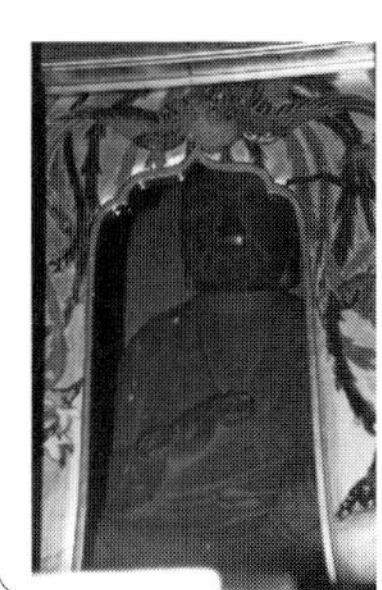

天龍寺は「厄除大師」のお寺としても有名。42番という当寺の番号が、男性の本厄42歳に通じるためで、1、2月には厄除の参拝者が訪れ、参拝の後に裏庭で椎の実を拾い、これを後厄までのお守りとするとか。

御本尊	阿弥陀如来
開基	不詳
開山	祖芳慧宗大和尚

知多郡南知多町山海小山100
☎(0569)62-1116

■海っ子バス「小野」から0.2km

MAP➡ E-1

 御詠歌 み佛のあらはれならむ天龍寺　小野の小田水恵まれにけり

尾張高野山宗

大慈山（だいじざん） 岩屋寺（いわやじ）

第43番

岩屋寺は霊亀元年（七一五）に元正天皇の勅願所として行基菩薩により開創されたという古刹です。創建当時は七堂伽藍十二坊、大門、楼門、多宝塔などが建立されたと伝えられます。寺誌には弘法大師の二度の来山、さらに親鸞上人からは阿弥陀堂の御本尊が納められたことが残されています。

室町時代の宝徳二年（一四五〇）には、大野城主の佐治（さじ）家から一切経五千四百六十三巻（国重要文化財）の奉納を受け、また江戸時代には徳川家の祈願所として御黒印を授かりました。文化年間（一八〇四～一八一八）に住持した豪潮律師は、五百羅漢像の開眼（かいげん）など、中興の傑僧として知られています。

昭和二十六年、豪鉄大僧正の時、それまでの天台宗から尾張高野山宗総本山となり、現在は末寺二十、教会七十九を擁しています。

御本尊	千手観世音菩薩
開基	元正天皇
開山	行基菩薩

知多郡南知多町山海間草109
☎(0569)62-0387

■海っ子バス「岩屋寺」すぐ

MAP➡ E-1

必見スポット

[背後にそびえる大師ヶ嶽へ]

境内の奥、五百羅漢像の脇からは、岩屋寺背後の大師ヶ嶽への登山道となる。頂上には大師ヶ嶽本尊として、全長約8mの「親大師」像が奉安されているが、これは奥之院開創1,150年を記念して建立されたものだ。

御詠歌 不思議とは誰が口から岩屋でら　千手の誓ひ利益あらたか

尾張高野山宗

岩屋山　奥之院

弘法大師によって大同三年（八〇八）に開創された奥之院は、札所中ただひとつの参籠の行場としても知られています。

大師は、当地の岩窟で百日の護摩修法の後、御自身の像を納められ「もし我を信ずる者あらば、病気災難等の身代りに立ちつかわさん」と仰せになりました。そのため当寺は身代大師の総本山としてもあがめられています。

その岩窟が現在の奥之院本堂で、護摩修法の際に大師が使われた仏具は、当院を管理する四十三番札所岩屋寺に国指定の重要文化財として大切に保管されています。

杉木立の山中に建つ本堂は、かつての荒行の歴史を物語るかのように冷厳とした空気を発しています。

御本尊	聖観世音菩薩
開基	行基菩薩
開山	弘法大師

知多郡南知多町山海城洲62-2
☎(0569)62-0387（岩屋寺）

■海っ子バス「岩屋寺」から0.3km

MAP➡　E-1

必見スポット

[大師ヶ嶽はミニ霊場]

大師ヶ嶽への登山道は岩屋寺から奥之院まで続いているので、足腰に自信のある人はこのルートで奥之院まで行くこともできる。山中には信者の寄進により88体の大師像が安置されており、ミニ八十八ヶ所霊場となっている。

　御詠歌　名も高きみ山の奥之院　ふだらくせんの姿なるらん

曹洞宗
菅生山（すごうさん）　大宝寺（だいほうじ）

第44番

大宝寺は、弘法大師のお告げによって宝暦元年（一七五一）に湧き出した霊泉の地に、文化六年（一八〇九）半田村の小栗万蔵氏の二女好堅尼によって尼寺として開創されました。その霊泉は、大師が知多半島での道中、御修行場にされた「硯水大師霊場」ともいわれ、今も本堂前に水を湧き出しています。

境内には、伊勢湾台風後に植樹され始めた約百本の木蓮の花が、三月から四月にかけて美しく咲き誇り、通称「もくれん寺」と呼ばれます。一帯は南知多町の中でも山深い場所ですが、巡拝者の便を図るため、内海から当寺に至る峠道の拡幅や、近年では参道脇の広い駐車場など、歴代住職が整備を進められました。

必見スポット

[優しい表情のもくれん観音]

参道への入口には、南知多五色観音のひとつ・大きな石像の「もくれん観音」が立ち、参拝者を出迎えている。

御本尊	釈迦如来
開基	密乗好堅尼和尚
開山	密乗好堅尼和尚

知多郡南知多町内海大名切36
☎(0569)62-0355

■名鉄内海駅から1.8km

MAP➡ E-1

御詠歌　この山に仏のくどくあらはれて　湧き出る水は甘露にもます

第45番

真言宗豊山派

尾風山（びふうざん）　泉蔵院（せんぞういん）

泉蔵院は、弘法大師巡錫（じゅんしゃく）の霊跡として知られる井際山観福寺の一坊・泉蔵坊として創建され、室町時代初期に、内海（うつみ）城主一色氏により鎮守堂として城内に移転されました。

しかし、その後一色氏は家老佐治氏に追われ、主を失った内海城は廃城となりました。泉蔵坊はその城跡を寺域とし、梅山和尚の中興により天文年間（一五三二〜一五五五）、泉蔵院へと改めました。

内海が廻船業で栄えた時代にはその旦那衆が講員に名を連ねたといい、文化七年（一八一〇）に再建された金毘羅堂は、内海廻船組を主宰した前野小平治の寄進によって建立されています。

御本尊は行基菩薩の作と伝えられる秘仏の阿弥陀如来、薬師如来。また当院は祈願が成就するという「だるま弘法」の通称でも親しまれ、篤い信仰を集めています。

必見スポット

[大願成就のだるまがお出迎え]

境内に安置されただるまは大願成就のしるし。縁起だるまを授かって持ち帰り、願いが成就した後、目を入れて納めたものだ。

御本尊	阿弥陀如来・薬師如来（同座）
開基	行基菩薩
開山	梅山和尚

知多郡南知多町内海南側69
☎(0569)62-1108

■名鉄内海駅から1.4km

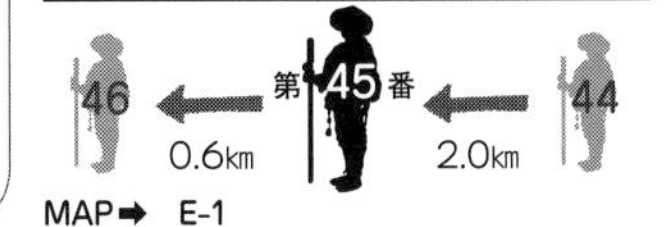

MAP➡ E-1

御詠歌　弥陀薬師名はいろいろに異なれど　とうきふやくの慈眼とぞ知れ

真言宗豊山派

井際山（いぎわさん） 如意輪寺（にょいりんじ）

第46番

如意輪寺は、奈良時代の神亀年間(七二四～七二九)、行基菩薩の建立と伝えられる観福寺の一院として創建されました。観福寺は往時一山九院を擁し、弘法大師も滞在、修行するなど隆盛を誇ったもののの、南北朝から戦国時代の乱世のなかでしだいに衰退し、子院（しいん）の多くも荒廃しました。

しかし当寺は、天文二年に(一五三三) 帰依者によって堂宇が現在地に再建、天正二年(一五七四)に梅山和尚が中興開山となりました。現在の寺号はそのものといいます。知多四国霊場開創に当たっては、その翌年の文政八年(一八二五)に本部が置かれました。

際、稲沢の萬徳寺（まんとくじ）から授けられた

平成十四年、本堂を境内の一段高い場所に曳き上げ、山門や塀も整えられるなど、大規模な移設修繕が行われました。

必見スポット

[住職手づくりの“如意輪具”]

住職がハワイのレイに着想を得て、リボンを編み込み手づくりした腕輪“如意輪具（にょいりんぐ）”が人気。4種類あり、それぞれ500～700円。

御本尊	如意輪観世音菩薩
開基	行基菩薩
開山	梅山和尚

知多郡南知多町内海中之郷12
☎(0569)62-0109

■名鉄内海駅から0.6km

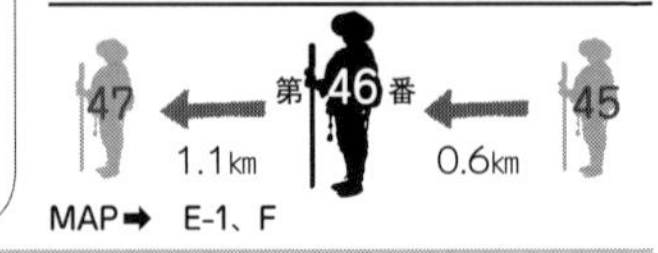

MAP➡ E-1、F

真言宗豊山派

井際山（いぎわさん）　持宝院（じほういん）

持宝院も四十六番如意輪寺と同じく、行基菩薩の開創と伝えられる巨刹・観福寺の一院として創建されました。当時は麓（ふもと）の馬場（ばんば）村にあったといいますが、戦国の乱世における観福寺の衰亡を経て、応永年間の初め（一三九四頃）現在地に移り、中興開山の金尊上人によって復興されました。知多四国霊場開創に当たっては当院十六世俺光法印が多大な協力をされています。

かつては桜の名所として知られ、江戸時代の地誌『尾張名所図会』にも景勝地「山寺桜」と描かれたほどでしたが、伊勢湾台風で多くが倒木してしまいました。

寺宝として鎌倉中期の宝篋印塔（ほうきょういんとう）などが伝えられるほか、山門に至る長い石段の脇には、弘法大師が巡錫の折に加持修行したという「とどろきの井戸」も残されています。

第47番

必見スポット

[大師入定を21石で]

境内の庭園は室町時代の様式を模した枯山水石庭で、弘法大師入定を21の石を使って表現したもの。西に阿弥陀、南に釈迦、東に薬師如来をまつる。

御本尊	如意輪観世音菩薩
開基	行基菩薩
開山	金尊上人

知多郡南知多町内海林之峯66
☎(0569)62-0498

■名鉄内海駅から0.5km

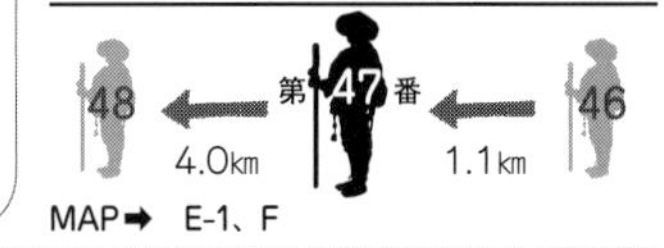

MAP➡ E-1、F

御詠歌　花を見て歌詠む人は八坂寺　三仏浄土の縁とこそ聞け

ちょっと一息、知多半島ガイド⑥

南知多町

海の恩恵に浴す

南知多町は知多半島の南端に位置し、昭和三十六年、内海町、豊浜町、師崎町、篠島村、日間賀島村が合併してできた町です。温暖な気候で海との関わりが深く、内海や山海などの海水浴場は、古くから潮湯治のメッカとしても賑わっており、知多半島道路、名鉄知多新線の開通で、より身近な存在となりました。

弘仁五年（八一四）、弘法大師が諸国行脚の途中に上陸した大井浜、物流の近代化に早くから取り組んでいた内海の廻船問屋内田家、内海に生まれ船大工であった父親とともに伊豆の下田に移り住んだ唐人お吉の悲話、竹と木の骨格に白木綿を巻いた大小の鯛が海や町中を練り歩く豊浜の鯛まつりなど、海にちなむ伝承や名物、見どころが南知多町には多くあります。

温暖な気候に恵まれて

東、南、西を海に囲まれる南知多町ですが、農業の町でもあり、人口の約三十パーセントが農業に携わり、キャベツ、レタス、タマネギなどの野菜、ミカン、ブドウ、ウメなどの果樹も町を代表する特

羽豆神社のウバメガシ

知多半島先端の師崎・羽豆神社には国指定天然記念物のウバメガシのトンネルが続いています

イチゴ狩り

海のまちの印象が強い南知多町は、実は農業も盛んです
（写真提供：南知多町産業振興課）

産物となっています。観光農園ではミカン狩りやイチゴ狩りを楽しむことができます。また、豚などの畜産も行われています。

花卉類の生産地としても有名な南知多町。洋ランや観葉植物の温室栽培も盛んで、シャコバサボテンの名でおなじみのデンマークカクタスは全国シェアの四割を占めています。また、同様にシェアの六割を占めるのがプラスチック製植木鉢で、これは南知多町の花卉類生産量の多さの裏付けといえるでしょう。

これはめでたい「鯛まつり」

周囲を海に囲まれる、いかにも南知多町らしい奇祭が、豊浜にある津島神社の祭礼・鯛まつり。明治時代、祭礼の余興として動物の張りぼてを作ったのが始まりといわれ、若者たちが担ぐ長さ十～十八メートル、高さ数メートルにもなる五匹の巨大な鯛の張りぼてが、町中や海中を練り歩き、お仮屋(御旅所)に設置された柱にぶつけて破壊する「打ち込み」を行ったりする姿に見物客は圧倒されます。

毎年繰り広げられるこの勇壮な祭り、地元では五月の末から準備に取りかかり、七月下旬の出番を待つのです。夜には海上花火大会も開催され、海と一体化した南知多町ならではの熱気に満ちた趣を感じることができます。

篠島港と造船所

篠島の港周辺には、漁師たちの生業を支えてきた造船所も見られます

鯛まつり

海の男たちの豊浜「鯛まつり」。若者たちに担がれ、海や街中を巨大な鯛が練り回ります
(写真提供：南知多町産業振興課)

曹洞宗

禅林山（ぜんりんざん）　良参寺（りょうさんじ）

第48番

良参寺は天正十三年（一五八五）に開創、享保十八年（一七三三）に現在地の小野浦（おのうら）に移転したと伝わります。小野浦は江戸末期から明治二十年頃にかけて、千石船の基地として全国に知られました。その隆盛の頃、文政元年（一八一八）に庫裡、弘化二年（一八四五）に本堂が再建されました。

当寺には、天保三年（一八三二）大坂から江戸へ向かう途中に遭難、アメリカに漂着した小野浦の千石船「宝順丸」の乗組員十四人の墓碑があります。特に音吉、久吉、岩吉の通称「三吉」は初の邦訳聖書の制作に協力したことで知られ、平成十八年、マカオで生涯を終えた音吉の遺灰が百七十三年ぶりに日本に戻り、当寺に納められました。

また当寺の弘法大師は「御助大師（おたすけだいし）」と呼ばれ、昭和三年に大正講で参詣した盲目の女性が開眼した霊験が伝えられています。

必見スポット

[大木の根元に子抱観音]

昭和58年、境内の樹齢400年といわれるイブキ（槇柏）の根元に観音様のような形が現れた。赤子を抱いているように見えるため、子抱観音として、子宝を授かりたい人などから信仰を受けている。

御本尊	聖観世音菩薩
開基	融山祝公首座
開山	天祖順応禅師

知多郡美浜町小野浦清水18
☎(0569)87-0275

■美浜町巡回ミニバス
「食と健康の館」から0.3km

MAP➡ F

御詠歌　はるばるとまゐる禅林良参寺　吹き来る風も御仏の声

曹洞宗
護國山（ごこくざん） 吉祥寺（きちじょうじ）

第49番

吉祥寺は慶長十年（一六〇五）、関嶺元通首座によって開創、享保年間（一七一六〜一七三六）に内海の性海寺十三世五雲眠瑞大和尚が再興開山となりました。寛政四年（一七九二）の火災で堂宇を焼失後、七世仁州海寛和尚により再建されました。

別堂の秘仏・毘沙門天は行基菩薩の作で、一木から三体を刻んだうちの一体とされています。そのお顔の特徴から「細目（ほそめ）の毘沙門さん」と呼ばれ、付近の地名「細目」の由来にも。ちなみに三体のうちもう一体は常滑市の広目寺にある「広目の毘沙門さん」です。

昭和十二年には毘沙門堂、同三十四年には弘法堂も再建。毘沙門堂の前にある「成就塔」は同二十七年、木原豊治郎氏が寄進したものです。源平の合戦でこの地に落ち延びた七人の武士をまつるため、毘沙門天のお告げにより建立したと伝えられています。

必見スポット

[悪い夢をよい夢に]

本堂には、法隆寺の夢違観音を仏師・岸田陸象が模したものが安置されている。悪夢をよい夢に取り替えてくれるご利益があるという。

御本尊	釈迦牟尼仏
開基	関嶺元通首座
開山	五雲眠瑞大和尚

知多郡美浜町野間桑名前24
☎(0569)87-0089

■名鉄野間駅から2.2km
■美浜町巡回ミニバス「細目」から0.5km

MAP➡ F

御詠歌 何事も吉祥なれと祈る身は　やがて幸よき因縁ぞ来む

曹洞宗

祥雲山(しょううんざん) 瑞境寺(ずいきょうじ)

瑞境寺は文禄元年（一五九二）、真交珠公首座が開基となり開創、延宝二年（一六七四）には蘭峰盛曇和尚が法地開山となりました。現在の本堂は宝暦七年（一七五七）、中興の七世雷渕黙要和尚が建立しました。その後、天宝四年（一八三三）には十世岱豊秀山和尚が書院、什器(じゅうき)類を整え再中興となりました。

御本尊の白衣(びゃくえ)観世音菩薩は日本に三体あるうちの一体と伝えられ、息災除病の菩薩として信仰を集めています。母胎で子どもがすくすくと育っていくように、すべてを包み込み、どんな願い事でもかなえてくれるといわれています。

昭和四十八年、東隣に広々とした「野間霊園」が完成、平成七年には弘法大師を中心に、薬師如来、十王を併せまつる合祀堂が再建されました。

必見スポット

[陶製の慰霊観音]

山門を入って右手には、昭和19年に建立された戦没者の慰霊観音がまつられている。常滑の彫刻家・片岡静観の作。

御本尊	白衣観世音菩薩
開基	真交珠公首座
開山	蘭峰盛曇大和尚

知多郡美浜町野間松下85
☎(0569)87-0139

■名鉄野間駅から1.2km

MAP➡ F

御詠歌 慈悲の目ににくしと思ふものはなし　咎あるものはあはれましまＪす

真言宗豊山派
鶴林山（かくりんざん） 密蔵院（みつぞういん）

密蔵院は承暦年間（一〇七七〜一〇八一）、白河天皇勅願の大御堂寺十四坊中の一院・宝乗坊として創建されました。慶長十六年（一六一一）に一山は徳川家康により二百五十石を下されましたが、当院はそのうち二十五石を拝領。その後宝暦年間（一七五一頃）に密蔵院と改称しています。

境内の別堂には、船とともに栄えた野間（のま）の地で信仰を集めた如意輪観音（かじとり観音）がまつられおり、かつて昼夜を問わず参拝があるため、赤門は一度も閉じられなかったといいます。太平洋戦争末期、小笠原近海で米軍に爆撃され沈没した貨物船・第十雲海丸の乗組員がこの観音様の加護で救われたという霊験記も残ります。

平成十年には本堂と弘法堂を再建。また知多四国霊場開創二百年の同二十年には、境内に六尺の修行大師像が建立されました。

必見スポット

[今に伝わる観音の霊験]

「かじとり観音」の脇には古くなった船が置かれ、船乗りたちに篤く信仰されてきた当寺の来歴を物語る。第十雲海丸の乗組員が漂流した救命艇の櫂も残っている。

御本尊	不動明王
開基	白河天皇
開山	星善法印（中興）

知多郡美浜町野間松下105
☎(0569)87-0308

■名鉄野間駅から1km

MAP➡ F

御詠歌 法界を平等に見る御仏は　密蔵院に輝きてます

真言宗豊山派

鶴林山（かくりんざん） 安養院（あんよういん）

第53番

安養院は、白河天皇勅願の大御堂寺十四坊の一院・南の坊として創建されました。建久元年（一一九〇）、源頼朝が父義朝の菩提を弔うため堂宇を再建しています。

天正十一（一五八三）年には、羽柴秀吉に敗れた織田信長の三男・信孝が当院で自害、その遺品の短刀、辞世の句、臓腑を投げつけたという血染の軸が残され、自刃の間も現存します（非公開）。

江戸時代の宝暦年間（一七五一～一七六四）、現在の寺号・安養院に改称。明治初年の廃仏毀釈により龍松院、慈雲院、円明院の三院を合併。昭和初期から龍泉和尚が本堂および諸堂、庫裡を再建して現在に至っています。

御本尊	阿弥陀如来
開基	白河天皇
開山	中興深長法印

知多郡美浜町野間東畠ケ90-1
☎(0569)87-0288

■名鉄野間駅から1km

MAP➡ F

必見スポット

[堂々たる“せき地蔵”]

安養院は咳、喘息にご利益がある「せき地蔵」が有名。別堂にまつられており、高さ2m超の堂々たる存在感に圧倒される。

御詠歌 野間の月見れば心のますかがみ　おのが浄土はいかでくもらん

真言宗
鶴林山（かくりんざん） 大御堂寺（おおみどうじ）

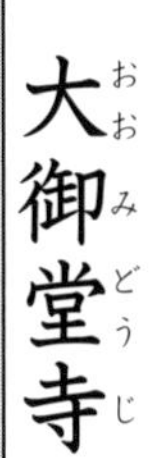

天武天皇（六七三〜六八六年）の時代に開創され、聖武天皇（七二四〜七四九年）の頃、行基菩薩によって再興されたという古刹です。弘法大師も留錫（りゅうしゃく）し、一千座の護摩を焚いたと伝わります。承暦年間（一〇七七〜一〇八一）、白河天皇の勅願寺として大御堂寺と命名、伽藍が整えられました。そのうちの一坊である野間大坊は現在境内を同じくし、当寺の納経も野間大坊で受け付けています。

建久元年（一一九〇）には、源頼朝が父義朝の菩提を弔うため、開運延命地蔵尊と不動明王、毘沙門天を奉安しました。境内には義朝の廟所があり、今も多くの参拝者が訪れています。

その後も秀吉、家康らの庇護を受け、三度の火災に遭いながらも発展を続けました。現在の本堂は宝暦四年（一七五四）、鎌倉様式で再建された建物です。

必見スポット

［義朝廟に木太刀を奉納］

本堂東にある義朝の廟所。55番法山寺に隣接する湯殿で襲われた義朝が「我に木太刀の一本なりともあれば」と無念を叫んだという伝承に基づき、今も木太刀を奉納する人が絶えない。

御本尊	阿弥陀如来
開基	役の行者（小角）
開山	行基菩薩

知多郡美浜町野間東畠ケ55
☎(0569)87-0050

■名鉄野間駅から0.8km

MAP➡ F

 御詠歌 大御堂弥陀の光りを眺むれば　後生を願ふ心起らん

真言宗
鶴林山（かくりんざん） 野間大坊（のまだいぼう）

第51番

古くから名所として知られ、江戸時代の地誌『尾張名所図会』にも名勝として紹介される野間大坊。大御堂寺の一坊として創建され、建久元年（一一九〇）には、源頼朝が父義朝の菩提を弔うために開運延命地蔵菩薩を奉安して以来、それが御本尊となりました。

堂々たる風格を漂わせる現在の本殿は、豊臣秀吉の晩年の居城となった伏見桃山城の一部を寛永年間（一六二四～一六四四）に移築した客殿建築で、県の重要文化財に指定されています。

参拝者でいつもにぎわう本殿では「源義朝御最期の絵解」が住職によって行われます。平氏に敗れ、野間の地に落ち延びた義朝が家臣の長田忠致（おさだただむね）、景致（かげむね）父子により謀殺されたようすを、絵を使いながら分かりやすく語るもので、予約をすれば聞くことができます。

必見スポット

[一新された絵馬のデザイン]

平成24年の大河ドラマ「平清盛」放映に合わせ、絵馬のデザインも一新。頼朝、義経兄弟をバックに、その父・義朝の凛々しい姿が描かれている。

御本尊	開運延命地蔵菩薩
開基	白河天皇
開山	源頼朝

知多郡美浜町野間東畠ケ50
☎(0569)87-0050

■名鉄野間駅から0,8km

MAP➡ F

御詠歌　昔よりいとも名高き大坊に　白豪の光り見るぞ嬉しき

臨済宗天龍寺派

曇華山(どうげざん) 法山寺(ほうさんじ)

法山寺の由緒は聖武天皇の神亀年間（七二四〜七二九）に遡(さかのぼ)ります。行基菩薩がこの山上に優曇華(うどんげ)が咲き乱れるのを見て衆生済度(しゅじょうさいど)を祈願。薬師如来像を刻み、当寺を建立して奉安したといいます。

弘仁年間（八一〇〜八二四）には弘法大師が留錫し、当寺の東に湧く霊泉に浴する病者のために密厳秘修を行ったといいます。その後、正和年間（一三一二〜一三一七）に夢窓国師によって七堂が再建されました。

境内と細道を挟んで接している御湯殿は平治二年（一一六〇）、源義朝が入浴中に長田忠致、景致父子に殺害された場所で、当寺が今もお守りしています。御湯殿の水は現在は枯渇していますが、古来より薬師の霊泉とされ、特に眼病や皮膚病に霊験あらたかとされてきました。

第55番

必見スポット

［義朝像とご対面］

湯殿跡に湧き出ていた水は、当時は温泉だったものが、その後冷泉に変わったという。傍らには昭和の初め、法山寺二十世巘堂和尚によって建立された義朝像が鎮座する。

御本尊	御湯殿薬師如来
開基	行基菩薩
開山	夢窓国師

知多郡美浜町野間田上50
☎(0569)87-1073

■名鉄野間駅から0.5km

MAP➡ F

御詠歌 法の山聞くも嬉しき薬師尊　病なかれと頼め祈れよ

曹洞宗

乳竇山（にゅうとうざん） 報恩寺（ほうおんじ）

第57番

報恩寺は、野間の地で源義朝とともに殺害された鎌田兵衛正清の乳母だった報恩寺殿乳竇貞哺大禅定尼が、正清の菩提を弔うために創建しました。正清は平治の乱における源氏の第一功労者とされるも、舅の長田忠致に主ともども殺された悲運の武将です。

古くは天台宗だった当寺ですが、永正年間（一五〇四～一五二一）に天沢院二世雲関珠崇禅師が曹洞宗に改め、再興して現在に至っています。この時、禅師を招いた野洲大守の水野一初逸賢公は、緒川城主水野貞守の嫡男で、衰微していた当寺の有様に心痛し、援助を惜しまなかったといいます。

昭和の終わりから平成にかけて本堂はじめ諸堂が再建され、広く美しい境内に再び風格ある姿が整いました。

御本尊	西方如来
開基	報恩寺殿乳竇貞哺大禅定尼
開山	雲関珠崇大和尚

知多郡美浜町奥田会下前39
☎(0569)87-0438

■名鉄知多奥田駅から0.7km

MAP➡ F

必見スポット

[一夜彫りの石観音]

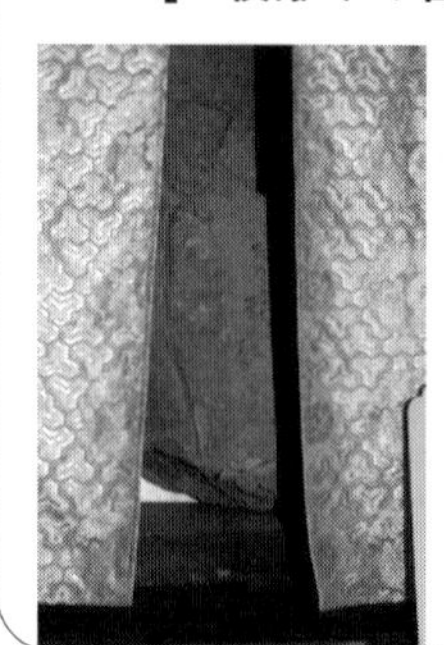

弘法大師がかつてこの地に立ち寄った際、湧水の場所を示し、その後一夜で彫ったという石観音像が弘法大師像の左にまつられている。

御詠歌　現当の二世の安楽弥陀如来　こころ奥田の報恩の寺

ちょっと一息、知多半島ガイド⑦

美浜町

町の概要

　三河湾に面した河和町と伊勢湾に面した野間町が昭和三十年に合併して美浜町となり、さらに三十二年に旧小鈴谷町内の上野間地区が合併して現在の美浜町となりました。町の東西とも海に面しており、三河湾岸の布土、河和や伊勢湾岸の奥田、野間、小野浦などは、海水浴場や保養地として古くから開発が進み、昭和十年に名鉄河和線が全通しています。

　温暖な気候、国の天然記念物「鵜の山」周辺に残された豊かな自然、文化財の宝庫野間大坊などもある美浜町は、観光地として発展してきました。

邦訳聖書を生んだ漂流民

　三河湾岸、伊勢湾岸とも名古屋から五十キロ圏内にあり、また、その海岸は外洋ほどには潮の影響を受けないことから、かつては潮湯治の場として、そして現代では海水浴客でにぎわい、また一年を通じて海の幸を楽しむ観光客が多く訪れます。

　その海には、ある漂流譚が伝わっています。音吉、久吉、岩吉の三人（通称三吉）を含む小野浦の漁

小野浦海水浴場

シーズンには、名古屋方面などから多くの人が詰めかけます
（写真提供：美浜町観光協会）

野間灯台

大正 10 年に建造された野間灯台は高さ 18m、半島のシンボルとして親しまれています
（写真提供：美浜町観光協会）

船「宝順丸」乗組員が一八三二年に遠州灘で遭難し、十四カ月後にアメリカ西海岸に漂着。そこで出会った宣教師に協力して、初の日本語訳聖書を完成させたのです。アメリカの商船モリソン号で帰国の機会を得るも果たせなかった彼らの偉業を称え、美浜町小野浦には顕彰碑「三吉の碑」が建てられています。

恋の病を癒す水

日本福祉大学に通う学生たちのざわめきを背に受けて、名鉄知多奥田駅から東へ歩くと、小さな祠（ほこら）が現れます。ここは澄んだ水が湧き、万病に効くと信仰を集めていますが、とりわけ効能あらたかなのが「恋の水神社」の名のとおり、恋の病。年齢を問わず男女が訪れるそうです。

その昔、允恭（いんぎょう）天皇が延命の神水を手に入れようと、尾張の熱田神宮へ藤原仲興を使者として遣わしたところ、神のお告げで発見したといわれるのが、この地にあった「知らぬ沢」で、仲興が「尾張なる野間の知らぬ沢踏み分けて　君が恋し水を汲むかな」と詠んだことから、以後、この湧き水が「恋の水」と呼ばれることになったといいます。現在では名水としても知られ、ペットボトル持参の人も多くなりました。

恋の水神社

古より伝わる名水が、今もこんこんと湧き出ています

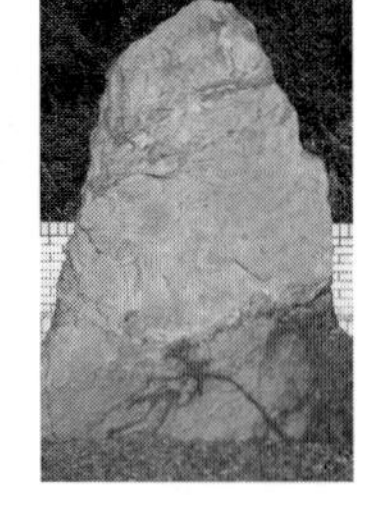

三吉の碑

江戸時代の漂流民、音吉、久吉、岩吉の「三吉」が世界初の邦訳聖書を完成させた顕彰碑

曹洞宗

金鈴山（きんれいざん） 厄除大師（やくよけだいし） 曹源寺（そうげんじ）

曹源寺は天文三年（一五三四）頃の創建で、開創の当初は天台宗に属したとされますが詳細は不明です。明治初期までは隣接する八幡社を所管していたため、地域の人たちからは「宮寺」とも呼ばれ親しまれていました。

「一切厄除大師」として名高い当寺の御尊像は、高野山を日本最上の霊地とされた大師が宝剣を持ち、深い山や湖沼に棲む大蛇悪鬼を御護摩妙供の秘力で退散させた時のもので、大師三十八歳の姿といいます。

また当寺は「くるま奉納」でも知られています。大正十二年、足の不自由な岡山県長尾村（現倉敷市）の岡田長五郎氏が、木製の車を犬に曳かせて知多四国霊場を巡拝の途中、夢のお告げで当寺を参拝したところ、よろめきもせずに立ち上がれたといい、そのお礼にと車を奉納したのです。

番外

必見スポット

[霊験の証、くるま奉納]

今も本堂に残されているのが、歩けるようになったお礼にと岡田氏が奉納した木製の車。大師の霊験を参拝者に伝えている。

御本尊	阿弥陀如来
開基	不詳
開山	説叟演公和尚

常滑市大谷奥條155
☎(0569)37-0173

■知多バス「大谷」すぐ

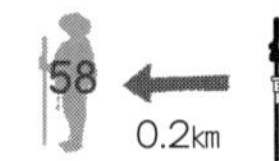

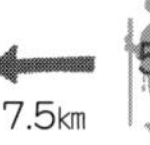

MAP➡ G

御詠歌 ありがたや金鈴山の岩陰に　弥陀のまします曹源の寺

第58番

曹洞宗
金光山（きんこうざん）　来応寺（らいおうじ）

来応寺は、天正十年（一五八二）の創建です。当時は裏山に観音堂があり、観世音菩薩が弘法大師とともにまつられていましたが、明治維新の折に境内に移されています。

その境内には「分身五十八番弘法大師」がおまつりされています。名古屋市の寺尾勝次郎氏が昭和三十七年に寄進した石像で、それにはこんな話が伝えられています。

建材店を営む寺尾氏のもとに、ある日、泥まみれの石像が持ち込まれました。これを洗い清めてみると、五十八番の大師様にそっくり。堂を建て供養すると、それまであまり芳（かんば）しくなかった商売が繁盛を続けました。「この御利益をもっと多くの方に」と当寺に寄進されたといいます。

必見スポット

[往生祈願、ぽっくり地蔵]

「分身大師」の隣に並ぶ「ぽっくり地蔵」。昔から当地の村人が「ぽっくり往生」の願いを込めたもので、今なお篤い信仰を集めている。

御本尊	如意輪観世音菩薩
開基	来応善荷座主
開山	一翁得公和尚

常滑市大谷奥條27
☎(0569)37-0447

■知多バス「大谷」すぐ

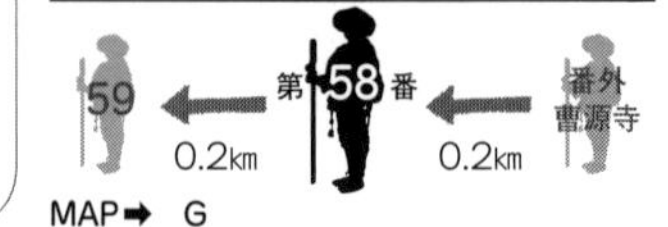

MAP➡　G

御詠歌　仏徳のあまねき光り来応寺　大悲のめぐみ我に添ひくる

曹洞宗
萬年山　玉泉寺

玉泉寺は弘治二年（一五五六）、源義朝の家臣で大谷城主だった岸田繁張の菩提を弔うため、山方（現常滑市）の天沢院三世鳳儀與範禅師によって開創され、弟子の陽元陰公和尚を住職としました。その後、天沢院十二世の仁国宗恕大和尚により法地として開かれました。

御本尊は聖徳太子作とされる延命地蔵菩薩で、十二年に一度、子年に開帳される秘仏となっています。また弘法大師の御真筆とされる「准提観音像」や、水戸黄門として知られる水戸藩主・徳川光圀が着用した陣羽織の布地で作られた香台掛が寺宝として伝えられています。

かつては八月十七日に「行者まつり」の奉納相撲が行われており、境内にはその土俵跡が庭となり残っていましたが、整地されて現在は見られなくなりました。

必見スポット

[森田悟由禅師の誕生碑]

天保5年（1834）大谷村（現常滑市大谷）に生まれ、曹洞宗大本山・永平寺の六十四世貫首となった森田悟由禅師の誕生碑が建つ。大正11年、生家に建立されたものだが、昭和31年に玉泉寺境内に移設された。

御本尊	延命地蔵菩薩
開基	陽元陰公和尚
開山	仁国宗恕大和尚

常滑市大谷浜条5
☎(0569)37-0159

■知多バス「大谷」から0.2km

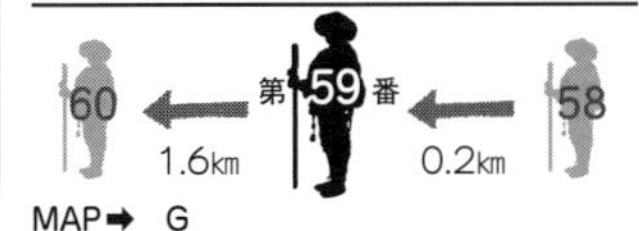

MAP➡　G

御詠歌　玉泉寺湧き出るいづみ地蔵尊　今も変らぬ慈悲のいさおし

曹洞宗

大光山(だいこうざん) 安楽寺(あんらくじ)

安楽寺は天正十四年(一五八六)、長安久公和尚によって開基されました。御本尊は行基作と伝えられ、開基前の天文六年(一五三七)、織田、今川両氏の交戦時に兵火を恐れて六十一番札所の高讃寺からこの地に移されていた阿弥陀如来像を安置したといいます。

その後、弘化二年(一八四五)第十一世徳芳和尚が本堂を再建。さらに法地二世潜龍大和尚は、禹功龍門大和尚を法地開山とするとともに、大師堂を建立しています。

かつては境内に松の大木が茂っていましたが、松くい虫の被害で枯れ、現在は石や砂紋を配した庭園が整えられています。平成十八年、本堂の前に四国の地形をかたどった「本四国お砂踏み霊場」が設けられ、十三重の宝塔を中心に置き、その横には修行大師の御像も建立されました。

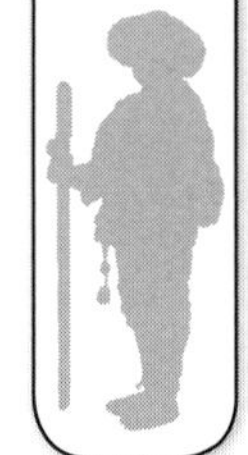

必見スポット

[四国をかたどった“お砂踏み”]

本堂前の「本四国お砂踏み霊場」。実際に四国の形をしているのは珍しい。本四国の各札所から授かった砂が埋められており、その上を踏みながら礼拝する。

御本尊	阿弥陀如来
開基	長安久公首座
開山	禹功龍門大和尚

常滑市苅屋深田101
☎(0569)34-3800

■知多バス「苅屋」から0.3km

MAP➡ G

御詠歌 阿弥陀仏光り放たす安楽寺　詣るまにまに助けたまはん

天台宗
御嶽山(みたけさん) 高讃寺(こうさんじ)

高讃寺は、天武天皇の勅願道場として白鳳十二年(六八三)、行基菩薩により創建されたと伝えられます。かつては七堂伽藍を有する大寺院として名を馳せ、四十三番岩屋寺、八十二番観福寺とともに「知多三山」と呼ばれました。しかし天文六年(一五三七)、織田、今川両氏の交戦による戦火で堂塔末坊の大半を失い、さらに文禄年間(一五九二～一五九六)にも兵火に襲われ、七堂伽藍三百坊といわれた巨刹は、南の坊一院を残すのみとなりました。

御本尊の聖観世音菩薩立像は平安時代の作。関東地方に多い鉈彫(なたぼり)様式で、その西限ともいわれています。また寺宝として今に伝わる阿弥陀如来立像も同じく平安時代のものです。

第61番

必見スポット

[知多四国最大の仁王さま]

樹木が四季折々の風景を見せる参道途中の仁王門には、鎌倉時代に作られた仁王像二体がまつられている。鎌倉時代の作で、知多四国霊場最大、3mの高さを誇る。

御本尊	聖観世音菩薩
開基	天武天皇
開山	行基菩薩

常滑市西阿野阿野峪71
☎(0569)35-3175

■知多バス「阿野」から1.3km

MAP➡ G

御詠歌 張り挙げて仏の功徳高讃寺　あの世までもと響け渡らめ

西山浄土宗

御嶽山（みたけざん）　洞雲寺（とううんじ）

第62番

洞雲寺は弘治元年（一五五五）、善海法師によって開山されています。かつて、この奥の地には「御嶽三百坊」と呼ばれた知多半島第一の巨刹・高讃寺（六十一番の前身）がありましたが、天文六年（一五三七）に伽藍坊舎ことごとく兵火にかかり、仏像は難を逃れるため池や田畑に埋められることに。時は流れ、御嶽池（みたけのいけ）改浚の折に池中より阿弥陀如来坐像が出現し、この御像を御本尊として当寺が建立されました。

また当寺は「むねなで大師」として篤い信仰を集めています。昭和初期、重い胸の病気にかかっていた鳴海（なるみ）（現名古屋市緑区）の木村徳蔵（きむらとくぞう）氏が、夢の中で「我は六十二番の大師なり」と告げるお坊様に納経帳で胸をなでられ、早速家族の者にお参りを頼むとたちまち病が薄れ全快したといいます。

必見スポット

[“寧護大師”に心和む]

平成22年に安置された「寧護（ねこ）大師」は造形作家・小澤康麿氏の作で、表側に猫の姿の大師、裏側にも合掌する猫が刻まれ、「同行二人」を表現している。鰹節を供えるとご利益があるとか。

御本尊	阿弥陀如来
開基	不詳
開山	善海法師

常滑市井戸田町2丁目37
☎(0569)35-2705

■知多バス「南樽水」から0.5km

MAP➡　G

御詠歌　東浦日間賀しの島西浦に　大師の垂水あ利がたくうく

真言宗豊山派

補陀落山(ふだらくさん) 大善院(だいぜんいん)

第63番

大善院の歴史は、天武天皇の時代、御嶽山一帯に創建された七堂伽藍三百坊の僧院・高讃寺(六十一番の前身)に遡(さかのぼ)ります。その後坊が荒廃したことを嘆いた養春上人が、一坊の本尊十一面観世音菩薩をこの地に移したのが始まりです。

室町時代の文明元年(一四六九)には、常滑城初代城主・水野忠綱が大善院を本坊とする六坊を再建、その子息・興覚法印が中興開山一世として寺院復興の基盤を築きました。明応三年(一四九四)には、本院が常滑城の鬼門に当たることから、牛頭天王(ごずてんのう)(素戔嗚尊(すさのおのみこと))を鎮守に中の宮を奉祀しました。

境内を覆うのは常滑市天然記念物のイブキの巨木で樹齢五百四十年。また裏山の森は知多半島有数のヤブツバキの群生地です。

山の麓、本堂裏手を一巡すれば、半島最古の本四国お砂踏み霊場のお参りも体験できます。

必見スポット

[必見、冬花庵観音堂]

平成21年には、中興開山540年、知多四国霊場開創200年を記念して、日本画家・橋本関雪のアトリエを移築した「冬花庵観音堂」が建立された。まつられているのは昭和19年奉安、長らく納経所脇に安置されていた平和観音菩薩。

御本尊	十一面観世音菩薩
開基	養春上人
開山	興覚法印

常滑市奥条5丁目20
☎(0569)35-3430

■名鉄常滑駅から2km
■知多バス「奥栄町」から0.2km

MAP➡ H

 御詠歌 じゅうらくの大善院に詣で来て　仏の利益うくるうれしさ

曹洞宗
世昌山（せしょうざん）　宝全寺（ほうぜんじ）

第64番

宝全寺は、戦国時代の天正元年（一五七三）に創建されました。その後の詳細な経緯は不明ですが、明治の廃仏毀釈の際、近隣の村落にあった御堂のひとつが当寺に移されたものといいます。

境内には、三十三観音・十王堂、秋葉堂、三宝荒神堂、弘法堂、金毘羅堂、地蔵堂などが建ち並び、地域の人びとの長年の崇敬と、住職の尽力のあとをしのばせます。

金毘羅堂の屋根には、手前両端に「天狗の瓦」が置かれています。寺院の瓦としては大変珍しく、伊勢湾台風による被害で鼻が欠けてしまいましたが、今も健在で巡拝者を見守っています。

寺宝としては地獄絵図十三軸が伝わっており、毎年八月十五日の施餓鬼会（せがきえ）に御開帳されてきました。また「癌（がん）封じ地蔵」「いぼとり地蔵」のご利益が名高く、多くの人から平癒を喜ばれています。

御本尊	十一面観世音菩薩
開基	伊藤嘉蔵
開山	雲騰龍吟大和尚

常滑市本町2丁目248
☎(0569)35-4404

■名鉄常滑駅から1.2km
■知多バス「アグリス本館前」から0.2km

MAP➡　H

必見スポット

[門前の商店街を散歩]

宝全寺門前のとこなめ中央商店街は、市内の作家から提供を受けた陶彫約150体が設置され「陶彫のある商店街」と呼ばれて親しまれている。巡拝の途中にそぞろ歩きも楽しい。

御詠歌　宝積む全き寺の鐘の声　寂滅為楽と響く入相

曹洞宗

神護山(じんごさん) 相持院(そうじいん)

相持院は永禄三年（一五六〇）、当地の村社である神明社東南の山麓に創建されました。「神護山」という山号からも、神と仏の相持ち(あいたも)坐す(いま)、神仏習合の寺院だったことがうかがえます。

ところが明治の廃仏毀釈により、明治十一年には六十四番宝全寺に統合され跡地は学校に。ようやく同三十六年になって、静岡県の西光寺(現牧之原市)の寺号を譲り受け、十二坪あまりのわずかな堂宇をもって再興、その後大正十年になって寺号を元の相持院に戻し、昭和二十二年四月に現在地へ移転されました。

開創時の御本尊と伝わる地蔵尊は南北朝時代、安阿弥(あんあみ)の作で、境外(けいがい)仏堂には鎌倉時代に描かれた弘法大師像が納められています。

必見スポット

[知多随一の大梵鐘]

昭和39年には重さ1.99トン、知多随一の大きさといわれる大梵鐘が鋳造された。この鐘は1回100円のお布施で誰でもつくことができる。

御本尊	延命地蔵大菩薩
開山	梅子慧杉大和尚
再興	桑巓蘆洲大和尚

常滑市千代ヶ丘4丁目66
☎(0569)35-3405

■名鉄常滑駅から1.5km

MAP➡ H

 御詠歌 神護る山に吹く風清らかに　延命地蔵ゐます相持院

真言宗智山派

八景山（はっけいざん）　中之坊寺（なかのぼうじ）

第66番

中之坊寺は、聖徳太子開創といわれる宮山金蓮寺（こんれんじ）一山九ヶ寺中の一坊として開かれ、八景山能見寺中之坊と称しました。天文年間（一五三二〜一五五五）、金蓮寺院（いん）家（げ）宝珠院の秀雅法印によって開創されたと伝えられます。天正十二年（一五八四）、兵火に遭って金蓮寺は伽藍を焼失、一山も破却されましたが、同十九年（一五九一）、開創・秀雅法印の弟子・政憲が金蓮寺の御本尊・十一面観世音菩薩を奉じて中興しました。

その後、時代とともに荒廃しましたが、明治三十年、二十三世照吽法印が堂宇を整えて再興に至り、昭和二十九年、八景山中之坊寺と公称するようになりました。

寺宝として、国指定文化財の「絹本著色仏涅槃図（けんぽんちゃくしょくぶつねはんず）」をはじめ、奥州（現岩手県）中尊寺の宝物だった大般若経などを有しています。

必見スポット

[66歳の年弘法]

札所番号にかけて、66歳の参拝者にご利益がある蝋燭が置かれている。名前と願い事を書いて1年の息災を祈る。

御本尊	十一面観世音菩薩
開基	聖徳太子
開山	秀雅法印

常滑市金山屋敷25
☎(0569)42-2139

■名鉄大野町駅から2km

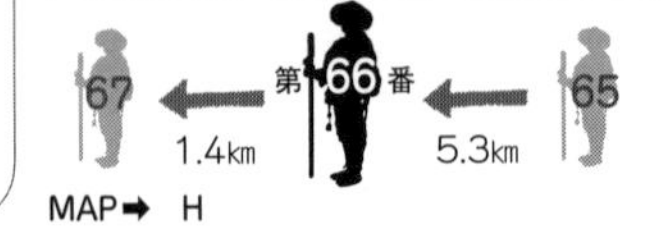

時宗

松尾山(しょうびざん)　三光院(さんこういん)

三光院は正和三年（一三一四）、小倉山蓮台寺十七坊の一院として創建されています。蓮台寺の鬼門除を担い、阿弥陀如来、聖観音、不動明王を安置したため三光院と称したといわれています。

知多、三河を領有した一色氏の庇護を受け、さらに応仁・文明の乱（一四六七〜七七）の後に知多半島西岸一帯を領有した佐治氏からも寺領を寄進されるなど隆盛を極めましたが、佐治氏の衰退とともに寺院は荒廃の途をたどりました。慶長五年（一六〇〇）には九鬼(くき)氏が当地に侵攻、寺の記録や什物(じゅうもつ)のほとんどが兵火によって焼失したと伝えられています。

平成二十四年、本堂、庫裡の老朽化により、同じ小倉の町にある親寺・蓮台寺内に移転。その際、本来は五十年に一度の本尊御開帳が特別に一週間行われました。

御本尊	聖観世音菩薩
開基	一色道秀
開山	即伝上人

常滑市小倉町５丁目66
☎(0569)42-2429

■名鉄大野町駅から0.6km

MAP➡　H

必見スポット

[境内はお江伝説の地]

お江の嫁ぎ先の佐治氏の居城・大野城が戦火に遭った際、逃げ込んだお江をかくまった後閉じられたままとなった「開かずの門」、松に着物を掛け、井戸に身を投げたと見せかけた「衣掛けの松」など、三光院が移転した蓮台寺の境内は、お江にまつわる伝説が残る。

 御詠歌　浮世をば光り照らせる大慈悲は　世にも輝く小倉かなやま

真言宗智山派

龍王山（りゅうおうざん）　寶藏寺（ほうぞうじ）

第68番

寶藏寺は弘仁年間（八一〇～八二四）、弘法大師が創建した宮山金蓮寺の遺跡と伝えられています。文明年間（一四六九～一四八七）、佐治駿河守為隆が大野城を築いた際に祈願所となりましたが、天正十二年（一五八四）の落城の時、開山の覚賢法印が春日定朝作と伝わる御本尊を奉じて現在地に移し、堂宇を整えています。

また、当寺の弘法大師像は「火防（ひぶせ）大師」として名高く、火防、雷除けに霊験あらたか。大師が知多半島を御巡錫（じゅんしゃく）の後、熱田の宮（熱田神宮）で一千日の護摩行を修法された縁によるものです。この火防大師をまつる人は末代まで火難を逃れると伝えられ、篤く信仰されてきました。

堂内には、大師の御霊徳を慕った信者が高野山から移した「消えずの燈明」が納められています。

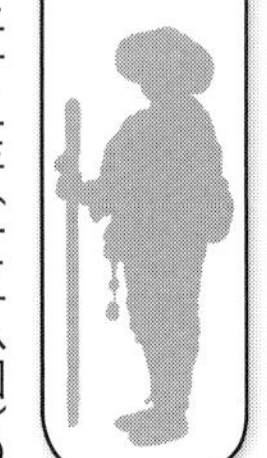

必見スポット

[火防札の霊験もあらたか]

「火防大師」と名高い寶藏寺では「火防札」「雷除札」が授けられる。一家に一枚と求める人も多く、ご利益を授かったという声も多い。各1枚1,000円。

御本尊	千手観世音菩薩
開基	弘法大師
開山	覚賢法印

常滑市大野町3丁目30
☎(0569)42-0588

■名鉄大野町駅から0.3km

MAP➡　H

ちょっと一息、知多半島ガイド⑧

常滑市(とこなめし)

市の概要

知多半島西岸中央部に位置する常滑市は、古くから窯業(ようぎょう)が行われ、現在でも実用的なタイルや衛生陶器の産地となっています。

室町時代には三河の守護であった一色氏が大野に大野城を築き、戦国時代になると緒川の領主水野氏の一族が常滑市中心部に常滑城を築きました。江戸時代から明治時代にかけては酒や味噌、焼き物、木綿が江戸に運ばれ、廻船業がさらに発展しました。

現在では、窯業のほかに醸造業、近郊農業などが盛んです。一方、半島西海岸では早くから鉄道が開設されていたため名古屋との結び付きも強く、平成十七年には中部国際空港が開業し、この地方の空の玄関口になりました。

また近年、テレビ番組などで常滑の古い街並みがロケ地に選定されることが多くなり、レンガ煙突の林立する独特な風景が広く知られるようになってきました。

常滑焼と醸造業

瀬戸焼、越前焼、信楽焼、丹波焼、備前焼と並ぶ日本六古窯(ろっこよう)の一つ、常滑焼。中世では二千を超え

中部の空の玄関・セントレア

国際空港評議会による評価ランキング1位の常連。平成23年、24年と2年連続で世界1位に輝きました

海を渡る道

セントレアに続く中部国際空港連絡道路
(写真提供：常滑市商工観光課)

る窯が点在し、最大の古窯群であったとされています。

　鎌倉時代には日用雑器のほか、経文を入れる経筒外容器や瓦なども焼かれていたといいます。やがて瀬戸焼が台頭してくると、常滑では壺や甕などの大型容器へと主力が移り、藍甕や酒をつくる甕、醤油や油を貯蔵する壺などが盛んに生産されるようになりました。江戸時代の後半になると、大窯とともに連房式の登窯による焼き物の生産が始まり、土管や朱泥焼の急須などが作られるようになり、さらに近代に入って機械化が進められ、製品のバリエーションと生産量は大きく伸長しました。随所に残る石炭窯の煙突や焼き物を用いた土留めの町並みは、焼き物の長い歴史と懐かしさを私たちに語りかけてきます。

　一方、昭和三十二年に市域に編入された小鈴谷（こすがや）地区では、盛田などの醸造業が興りました。古くは、三河から伝えられた味噌溜の製造に始まりますが、十七世紀になると酒蔵も増え、濁り酒の生産も始まったようです。以後、清酒生産の比重が高まり、船運の力をもつ知多一帯は江戸へ販路を広げていったのです。

　船運が栄えたことで、地域には進取の気風と独立の精神が育ちました。たとえばそれは、盛田が私財を投じて創設した鈴渓（れいけい）義塾に端的に表れています。同塾の伝統は、トヨタの大番頭・石田退三、世界のソニーを生んだ盛田昭夫、日本

廻船問屋瀧田家

やきもの散歩道の途中にある常滑船の廻船問屋瀧田家（9：30～16：30／年末年始休）（写真提供：常滑市商工観光課）

土管坂

やきもの散歩道の土管坂。明治時代の土管と昭和初期の焼酎瓶が壁を覆い、道には土管焼成時に使った焼台（捨て輪）が埋められています

経団連を支えた東京電力社長・平岩外四など、実業界の大物を輩出するに至りました。

黒鍬に宿る軍事技術

常滑市北部の大野では、古くから鍛冶が盛んでした。鎌倉時代に近江（おうみ）国より鍛冶職人が大野谷へ移り住み、ここで武具を中心とした鍛冶を始めたのです。戦乱の収まった江戸時代になると、主に農具を製作、修理する専門技術者集団として発展し、最盛期には二百人近い鍛冶職人がいたと記録されています。

このような大野鍛冶が作った鍬には、刃先や重さが普通の鍬の倍ほどもある特殊なものがあり、その鍬とそれらを用いて作業をする専門集団が「黒鍬（くろくわ）」と呼ばれるようになります。

「黒鍬」は、農地の開墾には絶大な威力を発揮し、三人前の働きを見せたといわれます。元来、水に乏しい知多半島では雨池を造ったり、堤を築造する必要があったのですが、それらの作業に活躍したのも「黒鍬」でした。やがて彼らは、徳川家から尾張藩領内に限らず他の地域に出向いて鍛冶仕事をする「出鍛冶」を許されるようになり、三河や美濃にまで出かけたのです。遠く関西や中国地方にまで出かけたという記録も残っており、近代以降も伝統は受け継がれたものの、農業の機械化が進んだため、その技術継承も廃（すた）れてしまいました。

盛田味の館

江戸時代より今に伝わる160年前の醸造蔵を改造した「盛田味の館」。酒、味噌、しょうゆづくりの製造プロセスをビデオで鑑賞できる

登窯内部

昭和49年まで実際に使われていた登窯は陶都常滑を象徴する遺構
（写真提供：常滑市商工観光課）

大野城風雲史

常滑市北部にある青海山（せいかいざん）には大野城が設けられていました。大野城は代々大野氏、一色氏、佐治氏が居城とし、伊勢湾を一望できる船運の拠点としてもこの地をを支配していました。佐治氏三代目の信方は織田信長の妹・お犬を正室として迎え入れ、その跡を継いだ与九郎も信長の妹・お市の娘であるお江（ごう）の方を正室としたように、常滑は尾張の支配者にとって重要な位置を占めていたのです。

その後、与九郎が小牧・長久手の戦いに敗れ伊勢に逃れたため、お江は関白秀次の弟・秀勝のもとへ嫁ぎます。さらに転変の末、徳川秀忠に嫁ぎ、千姫と、後に三代将軍となる家光を産むことになりました。

近年、大河ドラマで演じられ、急速に知名度が高まった浅井三姉妹。浅井長政とお市の子として近江国小谷に生まれ、戦国一数奇な運命をたどったといわれます。いずれ劣らぬ美女だったという三姉妹ですが、その三女であるお江もまた、他の二人と同様、戦乱にもてあそばれたかのような一生を送ることになったのです。

大野城自体は、後に城主となった織田有楽斎がすぐ北方に大草城を建てたため廃城となり、現在では模擬天守が建てられているに過ぎません。吹き抜ける風だけが、戦国のロマンと哀愁を語るかのようです。

大野城址

大野城址には、昭和55年に城型の展望台が設けられました。大野町のまちなみの向こうには、伊勢湾や鈴鹿山系も見渡すことができます

臨済宗妙心寺派

宝苑山　慈光寺

慈光寺は応永元年（一三九四）、大野城主・一色満範が菩提寺の建立を発願し、臨済宗大本山鎌倉円覚寺の清源大和尚を招いて開創されました。境内の山門脇には、開山の清源大和尚と開基の一色満範お手植えの椎の老木二本が並びます。

御本尊の聖観世音菩薩は、創建時に仏師春日定朝に祈願し、四十二歳の厄年だった仏師が一刀三礼入魂して作った御像で「厄除観音」として信仰される秘仏です。

弘法堂は大正七年に改築、昭和十六年には大修理が施されました。その天井には、川合玉堂の弟子・川合玉琴による花鳥風月図が描かれています。

本堂は、官材の檜を使い昭和三十八年に五年の歳月をかけて再建されました。広く静かな境内に、堂々たる風格を漂わせています。

第69番

必見スポット

[願い石越しに大師の姿を]

弘法堂前に据えられた「願い石」。石に空いている細長い穴から大師像を覗いて願い事をすると成就するといわれている。

御本尊	厄除聖観世音菩薩
開基	一色修理大夫満範
開山	円覚寺清源大和尚

知多市大草西屋敷4
☎(0569)42-1246

■名鉄大野町駅から0.6km

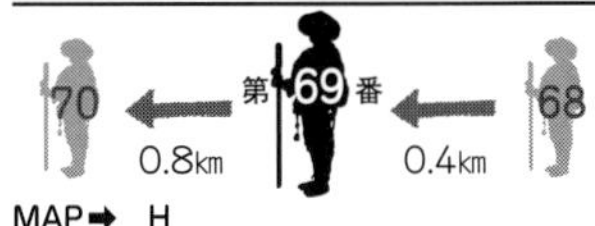

MAP➡　H

御詠歌　結びつる露に縁ある大草の　里や慈光に照らされつあり

真言宗智山派

摩尼山（まにさん） 地蔵寺（じぞうじ）

第70番

「大草のお地蔵さん」として知られる地蔵寺は、聖武天皇の天平年間(七二九～七四九)に行基菩薩が開基したとも伝えられますが、詳細は不明です。その後数百年の間に寺は荒廃しましたが、鎌倉時代の文永年間(一二六四～一二七五)、良敏上人によって再建されました。

御本尊は弘法大師作と伝わる地蔵菩薩で、本堂裏には井戸から上がったという延命水掛地蔵尊がまつられています。江戸時代の享保年間（一七一六～一七三六)、当寺南東の久米（くめ）(現常滑市)に住むお竹さんという盲目の女性が七日七夜参籠（さんろう）したところ、満願の日に夢のお告げがありました。「我は竹林中の井戸に在る地蔵である。汝、我を助け出して井戸を改修するならば、盲眼必ず開かん」。その通りにしたところ、夜明けとともに目が開き、輝く光を見たと伝えられています。

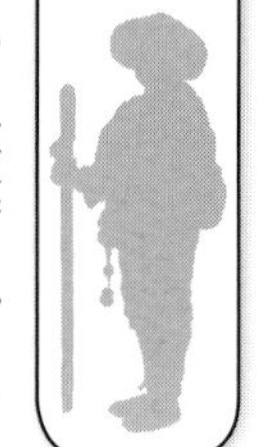

必見スポット

[水掛地蔵を引き上げた井戸]

本堂の前には延命水掛地蔵尊が引き上げられた井戸が今も残る。この地蔵の縁日は2月と8月の23、24日に開かれ、多くの参拝客で賑わう。

御本尊	地蔵菩薩
開基	不詳
開山	良敏上人

知多市大草東屋敷43-1
☎(0569)42-1200

■名鉄大野町駅から1km

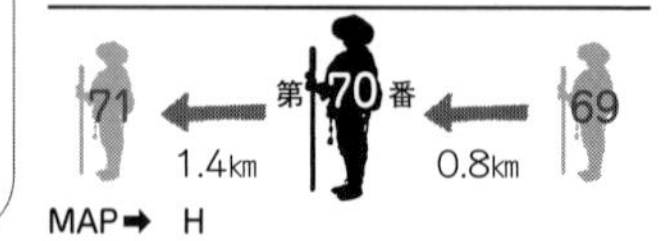

MAP➡ H

御詠歌 大慈悲の誓願たてし地蔵寺の　仏の功徳仰がざらめや

真言宗智山派

金照山（きんしょうざん）　大智院（だいちいん）

大智院は聖徳太子の開基と伝えられ、文明二年（一四七〇）、紹鋑和尚が寺内の興隆を図り、次いで明応七年（一四九八）、紹長和尚の時に大野城主・佐治伊賀守為永の祈願所となりました。当初は楊柳山と号しましたが、天正年間（一五七三～一五九二）の兵火を免れたことから金照山と改めました。

当院の身代大師（みがわりだいし）像は、大師が知多巡錫の折、自身の像を奉安されたと伝わります。この像が「めがね弘法」と呼ばれるようになったのは、安政七年（一八六〇）、盲目の老翁が一心におすがりしたところ目が見えるようになり、自分の眼鏡を像にかけたことから。

境内には用済みになった眼鏡を納める「めがね塚」（御祈祷ののち再生可能品はスリランカなどへ寄贈）、眼病予防の目薬を販売する金照堂薬房も設けられています。

第71番

[目白押し、祭事の数かず]

大智院は「節分豆まき式会」「馬頭観音大祭」「四観音祭九万九千日盆踊り」「成田不動尊大祭」「めがね弘法大祭」など、年間を通じて祭事が多いことで有名。夏休み期間には毎年恒例の、子どもたちのための「寺子屋」も開かれる。

御本尊	聖観世音菩薩・前立馬頭観音
開基	聖徳太子
開山	紹長上人

知多市南粕谷本町1丁目196
☎(0569)42-0909

■名鉄大野町駅から2km

MAP➡　H

 御詠歌　世の人の仰ぐも高き大智院　ふこう功徳の仏いませば

臨済宗妙心寺派

白華山(はっかざん) 慈雲寺(じうんじ)

第72番

妙心寺派十刹のひとつに数えられる慈雲寺は、観応元年(一三五〇)、大野城主一色範光が開基し、夢窓国師を開山として創建されました。江戸時代の地誌『尾張名所図会』にも名勝名跡のひとつとして描かれており、美しい景観は古くから多くの人びとを魅了してきました。御本尊の千手千眼観世音菩薩は範光の念持仏で、恵心僧都の作と知られています。

また、当寺からは京都大徳寺派管長となった松岡寛慶老師、妙心寺派四派の筆頭霊雲院に住持した莞應祖岷老師など多くの傑僧が輩出されています。門前の両脇に建てられた石柱の文字は、草書の大家として知られた当山十一世虎渓文快(白水)老師の大作が刻まれたものです。

平成十八年には本堂の屋根の葺き替え等の修復が落慶し、ますますその格調を高めています。

御本尊	千手千眼観世音菩薩
開基	一色修理大夫範光
開山	夢窓国師

知多市岡田太郎坊108-1
☎(0562)55-3082

■名鉄長浦駅から2.3km
■知多バス「大門前」すぐ

MAP➡ I

必見スポット

[雨乞いの壷と観音堂]

観音堂は万治3年(1660)に再建されたもので、レトロな街並みが残る岡田でも最古の建物。寺宝として、200年前の雨乞いに使われた壷が保存されている。

御詠歌 嬉しくも慈雲たなびく寺に来て　御名を唱ふる法の声々

真言宗豊山派

雨宝山（うほうざん）　正法院（しょうぼういん）

正法院は、後鳥羽天皇の勅願寺として元暦元年（一一八四）に創建された雨宝山如意寺一山九坊の本坊として開創されました。当時は壮大な伽藍が並び、数多くの傑僧を輩出したと伝えられます。

室町時代の応永年間（一三九四～一四二八）、風害により寺門が大破しましたが、憲誉法印が再興に尽力し、中興となりました。その後、幾多の戦乱による苦難があり、古書や宝物などは兵火のため焼失。さらに明治時代の廃仏毀釈によって一山四坊となりましたが、今もここ佐布里（そうり）の地で法灯は守られつづけています。

一山本坊の当院では現在、七十五番誕生堂と七十六番如意寺の管理にもあたっています。御朱印もすべて当院で受けましょう。

必見スポット

[迫力満点の天井画]

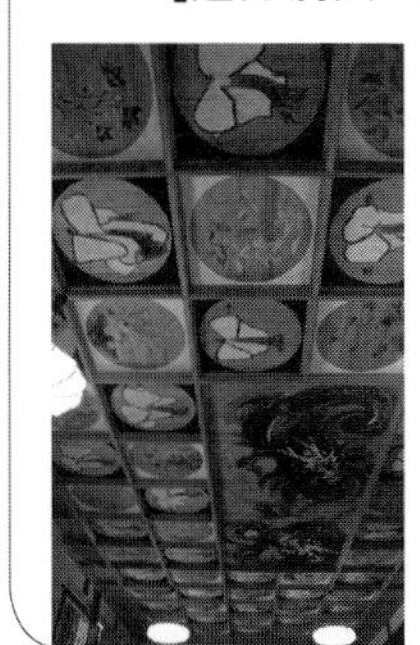

平成に入り、本堂の天井や襖に、龍や花鳥風月、六地蔵などの絵が描かれ、堂内の趣が一新された。

御本尊	地蔵菩薩
開基	不詳
開山	憲誉法印（中興）

知多市佐布里地蔵脇30
☎(0562)55-3043

■知多バス「佐布里保育園」から0.2km

MAP➡ Ⅰ

御詠歌　一筋に正しき法の道行かば　迷いの夢もやがて晴れなん

真言宗豊山派

雨宝山（うほうざん）　誕生堂（たんじょうどう）

第75番

七十三番正法院の境内から四十段の急な石段を上ると、弘法大師像が御本尊としてまつられる七十五番の誕生堂。その名は、本四国霊場七十五番の善通寺が大師御生誕の地であることに由来しています。

知多四国霊場が開創された当時、七十五番札所は如意寺一山の泉蔵坊に置かれていました。しかし明治六年、泉蔵坊は無住無檀を理由として廃寺とされることに。そのため、如意寺の本坊である正法院境内の山上に堂が建てられ、大師像が安置されることとなりました。それがこの誕生堂なのです。

ごくごく狭い境内の決して大きくはない堂に、写経や千社札が所狭しと貼られたようすには、大切に守られてきた大師への篤い信仰を感じ取ることができます。

御本尊	弘法大師
開基	不詳
開山	不詳

知多市佐布里地蔵脇30
☎(0562)55-3043（正法院）

■知多バス「佐布里保育園」から0.2km

MAP➡ I

必見スポット

［梅の里・佐布里］

雨宝山一山の5札所がある佐布里は、戦前からの梅の名所。明治時代に換金作物として栽培が始められ、一帯に梅林が広がると観光地としても有名になった。戦後は伊勢湾台風や佐布里池の建設などで一時廃れたが、昭和40年代、県や地元有志により再植樹され現在にいたっている。

御詠歌　何時までも色は香へど弘法の　徳は言葉の花ぞ目出度し

真言宗豊山派
雨宝山(うほうざん) 密厳寺(みつごんじ)

第74番

密厳寺は、後鳥羽天皇の勅願寺として元暦元年(一一八四)に創建された雨宝山如意寺一山九坊の一坊として開創されました。古くから近郷では「佐布里の祈願所」としてなじみ深く、多くの村人の祈願を受けてきたといいます。明治十年には、佐布里の集落にあった薬師堂が本堂の隣りに移され、家内安全、諸病平癒、安産祈願など諸願成就の寺としてさらに篤い信仰を集めてきました。毎年十一月八日は薬師如来の縁日で、参拝者には味噌田楽が振る舞われ、夕方から護摩祈祷も行われます。

また、御本尊の十一面観世音菩薩は、知多市で最も古い仏像のひとつとして市文化財に指定されています。境内には、白山社、天神社もまつられており、特に天神社には学業成就などを願った絵馬が数多く奉納されています。

必見スポット

[天神社で合格祈願]

山門の脇に鎮座する天神社の祭神は学問の神様として知られる菅原道真。毎年2月11日に天神祭りが行われ、僧侶が合格祈願などの祈祷を上げるが、ご利益があると評判だ。この日は、手づくりの甘酒のご接待も。

御本尊	十一面観世音菩薩
開基	不詳
開山	憲誉法印(中興)

知多市佐布里地蔵脇24
☎(0562)55-2473

■知多バス「佐布里保育園」から0.2km

MAP➡ I

御詠歌 知多の里梅咲き香る密厳寺　現世の利益受けぬ者なし

真言宗豊山派

雨宝山（うほうざん）　如意寺（にょいじ）

第76番

如意寺は元暦元年（一一八四）、後鳥羽天皇の勅願寺として創建されました。往時は雨宝山一山九坊の本堂として、御供田（ごくでん）数百畝など広大な寺領をもち隆盛を極めたと伝えられます。

しかし戦国時代の兵火に遭（あ）い伽藍や寺宝のほとんどを焼失。一山九坊のうち唯一本堂だけが難を免れ、法灯を今につなぎとめています。現在は無住のため七十三番正法院が管理しており、納経も七十三番で行います。

御本尊は「雨乞（あまご）いの本尊」として数多くの霊験が伝わる地蔵菩薩で、山号のとおり雨を宝とする農民から崇敬を集めてきました。ながらく知多市内最古の建物として知られた本堂は昭和六十三年の火災で失われましたが、平成六年には再建。同十六年には十王堂も建立されました。

必見スポット

[栄華を伝える朱塗りの山門]

如意寺には山門が２つあり、正面の方がより古い。風格ある朱塗りの建築が、往時の栄華を今に伝える。

御本尊	地蔵菩薩
開基	不詳
開山	憲誉法印（中興）

知多市佐布里地蔵脇13-1
☎(0562)55-3043（正法院）

■知多バス「佐布里保育園」から0.2km

MAP➡ I

御詠歌　有難や六道能化地蔵尊　諸仏にまさる慈親貴とし

真言宗豊山派

雨宝山(うほうざん) 浄蓮寺(じょうれんじ)

当寺は雨宝山如意寺一山九坊の一坊として開創され、戦時中の昭和十六年に浄蓮寺となりました。七十七番は喜寿に通ずることから長寿祈願の参拝者も多いといいます。

本堂は天明元年(一七八一)に建立され、天保十一年(一八四〇)には屋根の葺き替え、さらに昭和六十年にも修復改築が行われました。しばらく中断していた節分行事が平成十五年再開されたことをきっかけに、その舞台にかかる庇(ひさし)を延ばす改修もなされ、同十八年には参拝者を雨風から守るため屋根が大きくされました。

また当寺は、かつて弘法大師が立てた杖から芽が出たという裏山の竹やぶから採った竹を砂で磨き、天日干しした後に御祈祷して参拝者に授けた「中風除箸(ちゅうぶよけはし)」でも有名です。

第77番

必見スポット

[中風除箸を授かる]

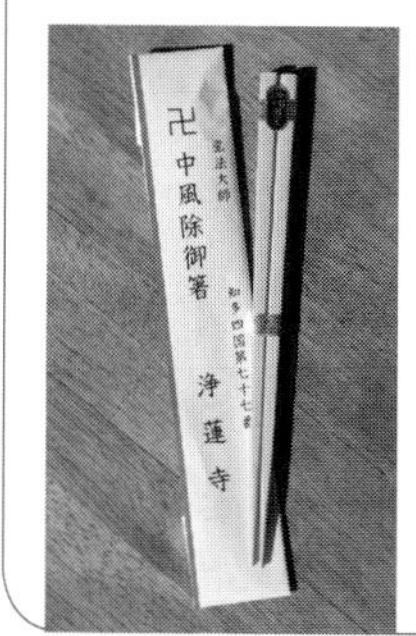

霊験あらたかな浄蓮寺の「中風除箸」。現在は南天で作られたものが購入できる。

御本尊	不動明王
開基	不詳
開山	憲誉法印(中興)

知多市佐布里地蔵脇36
☎(0562)55-3614

■知多バス「佐布里保育園」から0.2km

MAP➡ I

 御詠歌 浄き蓮うてなの上に生れんと　動かぬこころ仏ともみん

第78番

真言宗豊山派

宝泉山（ほうせんざん） 福生寺（ふくしょうじ）

福生寺は永禄三年（一五六〇）、精真法印によって開創されました。しかし大正二年の大火により過去の記録、古文書の一切が焼失し、変遷については不明です。

しかし、この時の火災では、本堂、庫裡などすべてを焼き尽くしたほどの猛火の中、木造の大黒天像だけが無事な姿で運び出されました。直ちに堂裏の宝泉池に安置すると大雨が突然降り出し、さしもの猛火も鎮まったといいます。以来、防火、厄除、開運の守護神「やけん大黒天」として篤い信仰を集めています。

なお、知多四国霊場開創の亮山（りょうざん）阿闍梨（あじゃり）は、弘化四年（一八四七）三月十八日、当寺で入寂（にゅうじゃく）されています。

必見スポット

[ふたつの“やけん大黒天”]

「やけん大黒天」は堂内に安置されており、春の巡礼シーズンのみ本堂前で拝観できる。また、境内には信者の寄進によるコンクリート製のやけん大黒天像もまつられている。

御本尊	不動明王
開基	不詳
開山	精真法印

知多市新知東町1丁目8-3
☎(0562)55-3699

■名鉄古見駅から1.3km
■知多バス「坊ノ下」から0.2km

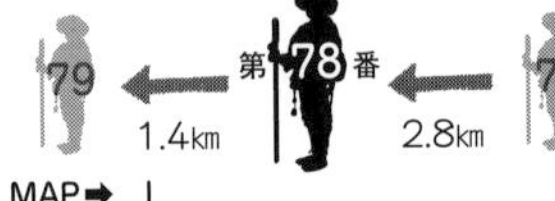

MAP➡ I

御詠歌 幸よきを祈りかいある福生寺　不動のこころ夢な忘れじ

真言宗豊山派
白泉山（はくせんざん） 妙楽寺（みょうらくじ）

妙楽寺は明徳元年（一三九〇）に創建された古刹です。後花園（ごはなぞの）天皇の勅願所として開創され、七堂伽藍を備え広大な寺領を有したと伝えられています。

戦国時代の天正六年（一五七八）に兵火にかかり、仏師・春日定朝作の本尊大日如来ほか、薬師如来、地蔵菩薩、大黒天、白山権現は幸い守られましたが、堂宇はことごとく焼失してしまいました。さらに豊臣秀吉の時代には寺領が没収され、末寺も転散することに。しかしこうした苦難を乗り越え、寛永十二年（一六三五）、現在地に再興されました。

当山の十三世住職を務めたのが、知多四国霊場の開創を発願し、その大業を成し遂げた亮山阿闍梨その人です。境内には阿闍梨をまつる開山堂が建てられ、その遺徳もたたえています。

必見スポット
[池から出た“いぼ地蔵”]

境内には、400年以上前に地蔵池から出た「いぼ地蔵」がまつられている。患部を石でなで、治癒したら石を倍にして返すことになっている。

御本尊	無量寿仏
開基	養誉善栄比丘
開山	彰誉湛秀和尚

知多市新知下森29
☎(0562)55-3510

■名鉄古見駅から0.2km

MAP➡ 1

御詠歌 磯辺ふく松風の音も妙楽寺　波はしつやか光るたのしさ

真言宗豊山派

白泉山（はくせんざん） 妙楽寺（みょうらくじ）

明徳元年（一三九〇）に開創された妙楽寺の境内には、十三世住職を務め、知多四国霊場開創に力を尽くした亮山阿闍梨をまつる開山堂があります。

亮山師は安永元年（一七七二）犬山（現愛知県犬山市）に生まれ、名古屋東照宮の守護寺である天王坊二十六世亮厳法印に師事、文化三年（一八〇六）当寺の住職となりました。三年後の同六年（一八〇九）三月十八日、大師の霊夢により知多四国霊場開創を発願（ほつがん）。それから実に十六年もの苦心の歳月の末、文政七年（一八二四）三月、その大願を成就されました。

亮山師はまた、灯明台建設や河川改修計画にも優れた才を発揮し、学徳兼備の高僧と仰がれました。その入寂の日は弘化四年（一八四七）、奇（く）しくも霊場開創の発願と同じ三月十八日のことでした。

御本尊	大日如来
開基	不詳
開山	賢秀上人

知多市新知下森29
☎(0562)55-3510

■名鉄古見駅から0.2km

MAP➡ I

必見スポット

[大願成就し安らかな表情]

イヌマキの大木に包まれるように、修行大師像と亮山阿闍梨像が安置されている。艱難辛苦を乗り越え、霊場開創の悲願を叶えた阿闍梨の安らかな表情が印象的。

御詠歌　知多四国開き給ひし亮山の　徳はかほりて法の花さく

曹洞宗

海嶋山(かいとうざん) 栖光院(せいこういん)

第80番

栖光院は元亀年間(一五七〇〜一五七三)以前の開創で、往時は海嶋山慈眼寺と称し、栖光庵、慈林坊を末寺に持つ真言宗の一山でした。天正五年(一五七七)、恵了和尚の時世に栖光庵一寺に合併し曹洞宗に改宗、下って昭和十七年に栖光院と改称されました。

寛文二年(一六六二)建立の観音堂におまつりされる御本尊聖観世音菩薩は、三十三年ごとに御開帳される秘仏です。また当寺裏山へと続く石段には「準四国八十八ヶ所」の石仏が並んで安置されています。

大師像のまつられたお茶所で、巡拝者へのお接待用に長年竈(かまど)の火を焚(た)いていたところ、白壁に大師像の跡が現れたという「すがた弘法」(影弘法)は、今は写真に収められ、弘法堂のなかで拝見することができます。

必見スポット

[築地塀の石段づたいに大師堂へ]

小高い山に位置する栖光院。樹齢850年という大楠がそびえる境内から大師堂へは、珍しい白壁の築地塀が備えられた石段を上る。

御本尊	聖観世音菩薩
開基	智翁恵了和尚
開山	拙堂魯中大和尚

知多市八幡観音脇25
☎(0562)32-1557

■名鉄朝倉駅から0.8km

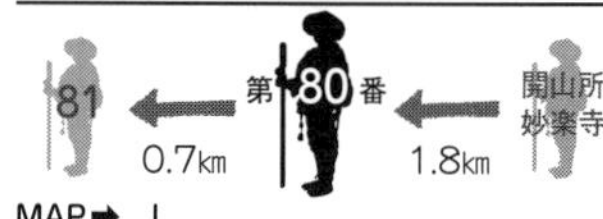

MAP➡ I

御詠歌 ましませる里の名さえも寺本の　仏の功徳世にも遍し

第81番

曹洞宗
巨渕山(こえんざん) 龍蔵寺(りゅうぞうじ)

元和三年(一六一七)、ここ小根の地に、地蔵菩薩に深く帰依(きえ)する京の公卿(くぎょう)が移り住んだところから龍蔵寺の歴史は始まります。

ある年、近郷に悪病が蔓延し、苦しむ村民のために公卿が地蔵菩薩に平癒を祈ったところ、たちまち治まりました。喜んだ村人がその恩に報いるため、本堂、諸堂を建て地蔵菩薩を奉安。後に出家されたその公卿こそが開基の天室春公首座で、開創当時は巨渕山龍蔵庵と号しました。

その後、寛政二年(一七九〇)に堂宇は焼失しましたが、三年後、八世玄旨和尚の時に再建され現在に至っています。御本尊に地蔵菩薩をおまつりするためか、境内には多くのお地蔵様が奉納されています。

必見スポット

[市保存樹のオガタマノキ]

境内に入ると、知多市の保存樹に指定されているオガタマノキの姿。「招霊木」と書き、神道と関係が深い。春の彼岸頃に白い花を咲かせ、秋にはサンゴ色の実を付ける。境内の樹木は、他にもイブキが保存樹に指定されている。

御本尊	地蔵菩薩
開基	天室春公首座
開山	黙道僊宗大和尚

知多市八幡小根138
☎(0562)32-0848

■名鉄寺本駅から0.3km

MAP➡ I

御詠歌 昔より優しきものと言ひ伝ふ　仏の御顔深き慈悲相

ちょっと一息、知多半島ガイド⑨

知多市

木綿のまちの今

昭和三十年に知多郡八幡町、岡田町、旭町が合併して知多町となり、昭和四十五年には市制が施行され、知多市が生まれました。知多木綿の産地として、また、尾張萬歳など多くの民俗芸能が伝わる地域として知られています。リゾート地としては新舞子が有名で、かつては中部地方で最も賑わったといわれたほど。現在でもマリンレジャーに訪れる人は多く、海づり公園や人工海浜なども整備されています。

沿岸部の埋立地に火力発電所や工場が建ち並ぶ工業都市ですが、内陸部では近郊農業も発展しています。工業地帯への工業用水供給目的と愛知用水の調整池として造られた東部の佐布里池では、周囲に豊かな緑が整備され、梅園散策、バードウォッチングなど、四季を通じて自然を楽しむことができます。

フキの生産日本一

知多市と東海市で全国一を誇っているのがフキの生産。数少ない日本原産の野菜のひとつで、古くから日本人の食生活に馴染みの深

岡田の街並み
木綿蔵の残る岡田地区の町並み。明治時代に建築された知多岡田簡易郵便局は今も現役です

新舞子マリンパークの風車
新舞子海岸沖の埋立地ブルーサンビーチの風車は今や知多市の新名所

いものでした。知多半島での生産は、明治三十年代に早出しを目指し始まりましたが、しだいに生産地域も拡大し、株を掘りあげて冷蔵する株冷蔵栽培技術が確立されました。

　やがて、南部臨海工業地帯が整備されるに伴って、それまでの沿岸部での海苔養殖業者がフキ栽培に転業し、一層の拡充が図られました。現在では、秋から冬を通じて収穫が続けられ、野趣に富む独特の風味は全国に広がっています。

　また、昭和初期に農家の裏作用作物としてレタスやパセリなど、いくつかの西洋野菜が作られるようになりましたが、そのうち知多市のペコロス（小球タマネギ）は国内生産量の五割近くを占めるに至っています。

やぐらの上の離れ技

　各地にさまざまな民俗芸能が伝えられる知多半島。知多市にもバラエティ豊かな芸能が受け継がれています。

　牟山（むさん）神社の神事として、高さ九メートルのやぐらの上で曲技を見せてくれるのが朝倉の梯子獅子（はしごじし）。昔、惣右衛門という村人が、朝倉の人たちを苦しませた獅子を、村民協力の下に作り上げた梯子で退治したことにちなむもので、梯子の上で勇壮な舞を演じる二人一組の雄獅子が空中曲技で下から見上げる観客を驚かせます。

　日長神社では、農耕馬、軍馬、荷役馬の供養を起源とする御馬頭祭りが毎年四月に開かれます。豪華な馬具で飾り立てた馬に従って、地区の人たちが町内を練り歩きます。飾り立てられた馬もカラフルならば、曳き手となる人たちも、地区ごとに異なる衣装を身にまとい、彩り豊かな祭りが繰り広げられるのです。

朝倉の梯子獅子

牟山神社で毎年10月第1日曜に開催される「朝倉の梯子獅子」（写真提供：知多市商工振興課）

天台宗
雨尾山(あまおざん) 観福寺(かんぷくじ)

観福寺は大宝二年(七〇二)、行基菩薩によって開創された古刹で、南知多の岩屋寺、常滑の高讃寺と並び知多三山のひとつに挙げられています。開創後しばらくの沿革は不明ですが、宝徳二年(一四五〇)に前身の本堂を再建したことが棟札によって確認されています。現在の本堂は寛文五年(一六六五)、尾張藩主・徳川光友の深い帰依により再建されました。

御本尊は平安時代作の十一面観世音菩薩。奉安される本堂内宮殿(くうでん)は鎌倉時代の宝治二年(一二四八)築とされ、国の重要文化財に指定されています。

昭和三十四年の伊勢湾台風では中門が倒壊し、客殿、本堂、庫裡が大きな被害に。無檀寺ゆえ再建に苦心されましたが、信徒の浄財と境内地の一部売却で、昭和四十年に現在の姿を取り戻しました。

第82番

必見スポット

[紅白椿の奇跡]

山門前には、亮山阿闍梨が知多四国霊場開創の記念に植えたという紅白2本の椿が枝を広げている。この椿、2本とも檜が芽吹くという珍木で、亮山阿闍梨の遺徳が起こした奇跡との声も。

御本尊	十一面観世音菩薩
開基	行基菩薩
開山	不詳

東海市大田町天神下ノ上5
☎(0562)32-7785

■名鉄高横須賀駅から0.6km
■名鉄太田川駅から1.5km

MAP➡ J-1

御詠歌 菩提心起りて木田の観福寺　二世の安楽この外になし

真言宗智山派

待暁山（たいぎょうさん） 弥勒寺（みろくじ）

第83番

弥勒寺は天平勝宝元年（七四九）、行基菩薩によって開創されました。当時は一山六寺七堂伽藍を擁したといい、今も「大里の大坊」と呼ばれます。

関ヶ原の合戦の時、西軍についた九鬼義隆（くきよしたか）の水軍が当地に上陸した際に兵火に遭（あ）い、御本尊弥勒菩薩と仁王門を残してすべてを焼失しました。しかし元禄年間（一六八八〜一七〇四）に尾張藩主・徳川光友の寄進を受け再建復興されています。

境内中央の八角形の拝殿には「お塔さま」と呼ばれる宝篋印塔（ほうきょういんとう）がおまつりされています。毎月一日と八日はお塔さまの縁日で、念じつつ周囲を巡れば御利益を授かるとされ、多くの人の信仰を集めています。

必見スポット

[仏法を護る新旧の仁王像]

知多四国霊場開創 200 年を記念して平成 20 年に入仏落慶された仁王像は、同 17 年、愛知万博で公開制作されたもの。仁王門にはさらに一対の仁王像があり、こちらは平安時代の作。およそ 1,000 年の時を隔てて揃い立つ両者が見もの。

御本尊	弥勒菩薩
開基	行基菩薩
開山	顕昌上人

東海市大田町寺下4
☎(0562)33-1145

■名鉄太田川駅から 1km

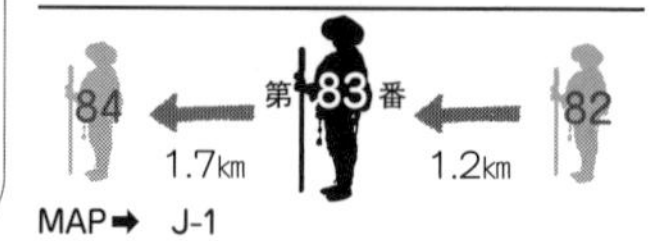

MAP➡ J-1

御詠歌 限りなき弥勒の御世に大里の　法の御庭にとなふ声明

曹洞宗

瑞雲山（ずいうんざん）　玄猷寺（げんにゅうじ）

第84番

玄猷寺は、臨済宗天竜寺派を開いた夢窓国師が後醍醐天皇を追弔し、勅願所として建立されました。夢窓国師は、国、帝の師として仰がれる高僧に贈られる国師号を七つ持ち、寺号はそのうちの「玄猷国師」に由来しています。

慶長五年（一六〇〇）、現在の本寺である普済寺（現東海市加木屋町）五世在室岱存大和尚が開山となり、曹洞宗寺院として復興されました。その後、幕末の慶応三年（一八六七）には大火に遭い全山ことごとく焼失したといいます。

弘法堂は昭和九年、大師一千百年御遠忌（ごおんき）を記念して建立されたもの。また平成十九年に新しい本堂が建設された際、信者の方が建材の檜の切れ端で三万体の「握り仏」を彫り寄贈。お寺で入魂ののち、御本尊の分身「握り観音」として参拝者に配布されました。

必見スポット

[山門には極彩色の四天王]

平成23年には山門（楼門）も新たに建設され、本堂とともに美しい姿を見せている。山門に安置される仏法の守護、邪鬼退散の役目を持つ極彩色の四天王像は一見の価値あり。

御本尊	十一面観世音菩薩
開基	夢窓国師
開山	在室岱存大和尚

東海市富木島町北島28
☎(052)603-0131

■名鉄太田川駅から2.5km
■知多バス「姫島」から0.2km

MAP➡ J-2

御詠歌　慈悲深き母にもまさる観世音　心やすらか姫島の里

浄土宗
慈悲山(じひざん) 清水寺(せいすいじ)

第85番

清水寺の創建は定かではありませんが、江戸時代初期の文書(もんじょ)には、かつて現在地の南西・丸根(まるね)にあったと記されています。現在地に移ったのは元禄八年(一六九五)のことで、滋覚大師の作とされる御本尊・聖観世音菩薩にまつわる言い伝えが残されています。

元禄年間(一六八八〜一七〇四)、村の庄屋六兵衛の家が大火に遭って全焼した際、村人が丸根にあった観音様を当地に迎え堂宇を建立。以来、村からは火難がなくなったため「火防(ひぶ)せの観音様」と篤く信仰されるようになったといいます。

御本尊の御開帳は三十年に一度で、前回は昭和六十三年。本堂、庫裡の再建が重なり、盛大な行事が行われました。なお当寺の寺号は、寺の南西三十メートルの場所に清水の湧く野井戸があり、この水が宮中に献上されたことに由来するといわれています。

必見スポット

[天女が舞う本堂]

垣根や塀がなく、開放的な境内。昭和63年再建の本堂欄間には、尼寺ということもあるのだろうか、天女が優雅に舞っている。

御本尊	聖観世音菩薩
開基	不詳
開山	順蓮社清誉浄和比丘

東海市荒尾町西川60
☎(052)603-2988

■名鉄新日鉄前駅から2.5km
■東海市循環バス「平洲小学校前」から0.2km

MAP➡ J-1

御詠歌 み仏の功徳ながるるいわ清水　汲みて心の穢れ洗わん

真言宗智山派

大悲山(だいひざん) 観音寺(かんのんじ)

第86番

観音寺は文永三年(一二六六)開創と伝えられています。天文年間(一五三二〜一五五五)には昌増宝印によって中興され伽藍も整えられましたが、火災によって堂宇を焼失しました。

しかし天正十三年(一五八五)、名古屋大須・宝生院の鏡融宝印の助力を得て再興。その後、後柏原(ごかしわばら)天皇の勅願所となり、さらに豊臣秀頼の祈願寺として居屋敷一帯の五町歩を下付されました。大いに興隆する寺勢にあやかろうと、遠方からも除災招福を願う参拝者が後を絶たなかったといいます。

昭和二十年には空襲で堂宇を焼失しましたが、十年後に本堂を再建。同五十年には客殿、五十五年には庫裡を再建し、今日の姿を見るに至りました。なお当地出身の幕末の儒者・細井平洲(ほそいへいしゅう)は幼少の頃、九世義観宝印の室に入って勉学をし、後に米沢藩主・上杉鷹山(ようざん)や尾張藩主・徳川宗睦(むねちか)に招かれました。

必見スポット

[平洲ゆかりの松は3代目]

幼少期の細井平洲が登って遊んだという「草紙懸けの松」が境内に。初代は昭和20年の空襲で焼け、2代目は枯死したため、現在の松は3代目。

御本尊	聖観世音菩薩
開基	不詳
開山	昌増法印(中興)

東海市荒尾町仏供田45
☎(052)603-0160

■名鉄新日鉄前駅から0.6km

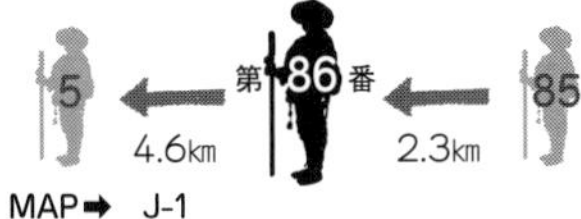

MAP➡ J-1

御詠歌 一心に願ひを加家の観音寺　導き給へこの世後の世

ちょっと一息、知多半島ガイド⑩

東海市（とうかいし）

バランスのとれた産業の町

　名古屋に隣接する「鉄の町」東海市。かつて「あゆち潟」と呼ばれた干潟が広がり、沿岸漁業が盛んでした。江戸時代には海苔の産地で、特産の海老はんぺいは藩主にも献上されるほどだったそうです。

　内陸部は水に乏しいため米作は難しく、明治の頃からトマトなどの西洋野菜栽培が盛んでした。ちなみに、明治の中頃、まだ一般になじみの薄かったトマト栽培に挑戦し、加工してソースにする研究を始めたのがカゴメ創業者の蟹江一太郎です。

農業を変えた愛知用水

　知多半島の農業を一変させたのが、戦後の愛知用水の完成です。豊富に水を利用できるようになり、フキやタマネギなど農産物の種類も増えました。昭和二十年代、愛知県で初めて球根や観葉植物の栽培が始められたといい、現在ではその後に始められた洋ラン生産が発展を続けています。バイオ技術を利用して、新たな品種開発にも挑戦。毎年一月には洋ラン栽培農家などが中心となってフラワーショーが開かれ、あでやかで豪華な花を競います。

御殿万歳

尾張万歳と三河万歳の流れを汲む「御殿万歳」は東海市の無形民俗文化財に指定されています
（写真提供：東海市万歳保存会）

洋ラン生産

洋ラン出荷量全国一の愛知県内でも、東海市は有数の生産地として知られます

陰陽師が伝えた御殿万歳

江戸時代、尾張藩二代藩主・徳川光友は横須賀御殿と呼ばれる別邸を横須賀に建て、町を整備しました。その勢力に危機感を感じた幕府は、その別邸監視のために陰陽師を付近に住まわせます。彼らが伝えた万歳のうちの一つが御殿(ごてん)万歳で、現在、保存会が結成されています。

また、東海市は祭りの盛んな土地柄でもあります。九月の横須賀祭り、十月の大田祭りと、いずれも豪華な山車が曳き回されて、町は賑わいを見せます。

愛宕神社の秋祭りである横須賀祭りでは、山車が担ぎ上げられて回転する「どんてん」と呼ばれる技も見事ですが、からくり人形の奉納も見逃せません。一方、大田町大宮神社の例祭である大田祭りでは、山車の急回転を「どんでん」と呼び、また、文字を書くからくり人形など、古くからの伝統を今に伝えています。

経世済民の細井平洲

名君とうたわれた米沢藩主・上杉鷹山(うえすぎようざん)の師として知られる細井平洲(ほそいへいしゅう)は、現東海市の知多郡平島村の出身です。農家の次男に生まれ幼い頃から学問に親しみ、名古屋、京、長崎と遊学するなかで儒学を身に付けました。実践を重んじ、「経世済民(けいせいさいみん)」を説く教育は大名から庶民にまで広がり、各地の藩から講師として引っ張りだことなるほどの人望を集めました。人づくりを通じて産業を振興する思想は、幕末の吉田松陰や西郷隆盛らに影響を与え、日本を代表する教育者のひとりとして顕彰されています。

平洲の思想は、明治初期、常滑の小鈴谷に開学した鈴渓義塾にも受け継がれ、多くの偉人を生み出しました。

細井平洲像

加家公園に建つ若き日の細井平洲像

曹洞宗

延命山(えんめいざん) 地蔵寺(じぞうじ)

天正元年(一五七三)、地頭の市村伝四郎の勧進でこの地に地蔵堂が建てられたのが地蔵寺の起こりです。ここに横須賀(現東海市)の長源寺から教岩玄祐和尚を迎え開創されました。

慶長十九年(一六一四)には日山天朔和尚が伽藍を建立して開山した後、中興の祖とされる印宗定海和尚が延享四年(一七四七)に寺格を上げています。なお隣接する天神社は、江戸時代末まで当寺が管理していました。

本堂屋根の銅板葺きが昭和三十八年に完成、同四十六年には庫裡が再建されました。この庫裡は、鉄筋コンクリートの平らな屋根の建物に仏教様式の大屋根をかぶせるという珍しい建築法が採られています。平成十五年、新たに瓦葺きの本堂が落慶。白壁が、美しく浄められた境内の庭に映えています。

必見スポット

[長草のどぶろく祭り]

地蔵寺に隣接し、明治の神仏分離まではその管理におかれていた長草天神社では、毎年2月25日近くの日曜日に「どぶろく祭り」が行われる。酒元組と呼ばれる地区の当番が醸造したどぶろくが一般の参拝者にも振る舞われる。

祭りに登場する猩猩（写真提供：大府市商工労政課）

御本尊	延命地蔵大菩薩
開基	教岩玄祐和尚
開山	日山天朔大和尚

大府市長草町本郷40
☎(0562)46-1963

■JR共和駅から1.6km
■知多バス「長草」からすぐ

MAP➡ J-2

御詠歌 六道の能化を誓う御仏の　利益長草この地蔵寺

曹洞宗
瑞木山(ずいぼくさん) 円通寺(えんつうじ)

第88番

円通寺の創建は天平元年(七二九)に遡(さかのぼ)ります。行基菩薩が馬頭、准胝(じゅんてい)の両観世音菩薩を刻んで安置し、壮大な七堂伽藍を有したと伝えられる古刹です。

天慶二年(九三九)に起きた天慶(てんぎょう)の乱で堂塔を焼失、さらに建武の乱(一三三三頃)の兵火にも見舞われました。しかし貞和四年(一三四八)には夢窓国師が再建し、中興開山となっています。

応永八年(一四〇一)には現在地へと移転。開創以来、数かずの歴史の荒波を乗り越え、法相宗、真言宗、臨済宗、曹洞宗と改宗し現在に至っています。

寺号が「通じ」にかかる当寺では便所神、また安産神、婦人病の神でもある「烏枢沙摩明王(うすさまみょうおう)」の御利益が名高く、しもの病を避けるため、古くから女性の信仰を集めています。

必見スポット

[信仰篤い烏枢沙摩明王のお札]

円通寺で授与される烏枢沙摩明王のお札。東司(便所)に南向きにまつると、しもの病に霊験ありという。1体200円。

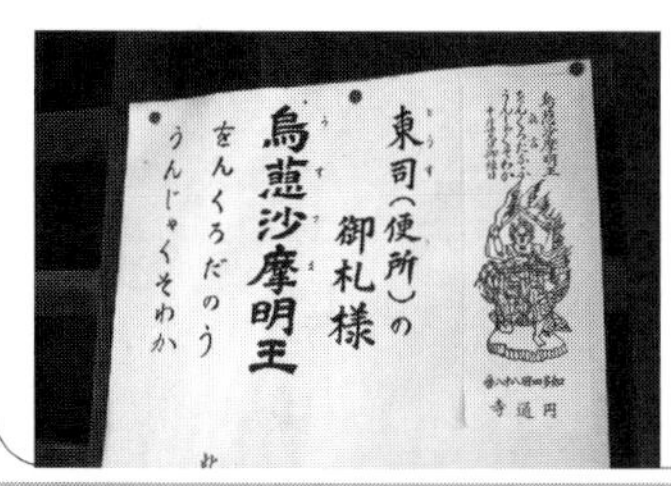

御本尊	馬頭観世音菩薩
開基	行基菩薩
開山	夢窓国師(中興)

大府市共和町小仏67
☎(0562)46-1736

■JR南大高駅から2km
■大府市循環バス「小仏」からすぐ

MAP➡ J-2

慈悲深き大師の恵み有難や　今日木之山に法の花咲く

臨済宗
鷲頭山　長寿寺

一帯は永禄三年(一五六〇)、桶狭間の戦いで織田信長が砦を構えた古戦場です。この時の戦火で記録を焼失しましたが、開創の当時は真言宗に属し、長祐寺と称したといわれています。

江戸時代、大高領主志水忠継の母で、黄檗宗の信仰篤い長寿院が臨終の際、この地への禅寺建立を孫の忠時に遺命。それを受け天和二年(一六八二)に伽藍が落慶、黄檗宗に改宗し寺号も長寿寺としましたが、元禄四年(一六九一)に臨済宗に改められました。

昭和五十四年、隣接する鷲津砦の公園整備にともない現在地に堂宇を新築。かつて名古屋の広小路通にあり「夜開帳」で信仰を集めた柳薬師などが境内におまつりされています。

知多四国霊場巡りはここで打ち止めですが、この先、高野山奥之院に見立てた八事山興正寺(名古屋市)や弘法山遍照院(知立市)に向かう巡拝者も多く見られます。

第87番

必見スポット

[商売繁盛の稲荷さま]

境内には「柳薬師」のほかにも、かつて長寿寺が荒廃した際、住職に化けて霊験を説き、参拝者を集めたという狐をまつる高蔵坊稲荷がある。商売繁盛にご利益あり。

御本尊	聖観世音菩薩
開基	長寿院殿橘氏源操尼公
開山	石梯道雲(改派開山)

名古屋市緑区大高町鷲津山13
☎(052)621-4652

■JR大高駅から0.3km

MAP➡　J-2

御詠歌　御仏の深き恵みに大高の　なかき齢いも念仏の徳

知多半島巡拝地図

この地図で紹介するのは、知多四国霊場会が推奨する現在一般的な巡拝ルートで、本書の寺院紹介ページもこの順番に記載しています。知多四国霊場は、いつでも、どこからでもお参りができますので、自動車、鉄道、バス、そして徒歩や自転車を適宜組み合わせて、自分なりのルートを組み立ててお参りしましょう。

*この地図は徒歩で巡拝することを前提に制作しています。自動車での通行に支障がある箇所もありますので、あらかじめご了承ください。

*現地での事故やトラブルについて、本書ならびに知多四国霊場会は、いかなる責任も負いません。自己責任でのご利用をお願いします。

凡例

卍……札所寺院所在地

○○○……目印となる交差点名（すべての交差点を記載しているわけではありません）

……巡拝に便利と思われる鉄道駅

この地図は、国土地理院長の承認を得て、同院発行の数値地図50000（地図画像）を複製したものである。（承認番号　平24情複、第343号）

53 安養院
54 海潮院
55 法山寺
56 瑞境寺
57 報恩寺
58 来応寺
59 玉泉寺
60 安楽寺
61 高讃寺
62 洞雲寺
63 大善院
64 宝全寺
65 相持院
66 中之坊寺
67 三光院
68 宝蔵寺
69 慈光寺
70 地蔵寺
71 大智院
72 慈雲寺
73 正法院
74 密厳寺
75 誕生堂
76 如意寺
77 浄蓮寺
78 福生寺
79 妙楽寺
80 栖光院
81 龍蔵寺
82 観福寺
83 弥勒寺
84 玄猷寺
85 清水寺
86 観音寺
87 長寿寺
88 円通寺
妙 開山所 妙楽寺
禅 開山所 禅林堂
葦 開山所 葦航寺
海 奥の院 海蔵寺
東 年弘法 東光寺
影 時志観音 影現寺
西 月山篠山 西方寺
浄 お亀さん 浄土寺
奥 岩屋山 奥之院
曹 厄除大師 曹源寺

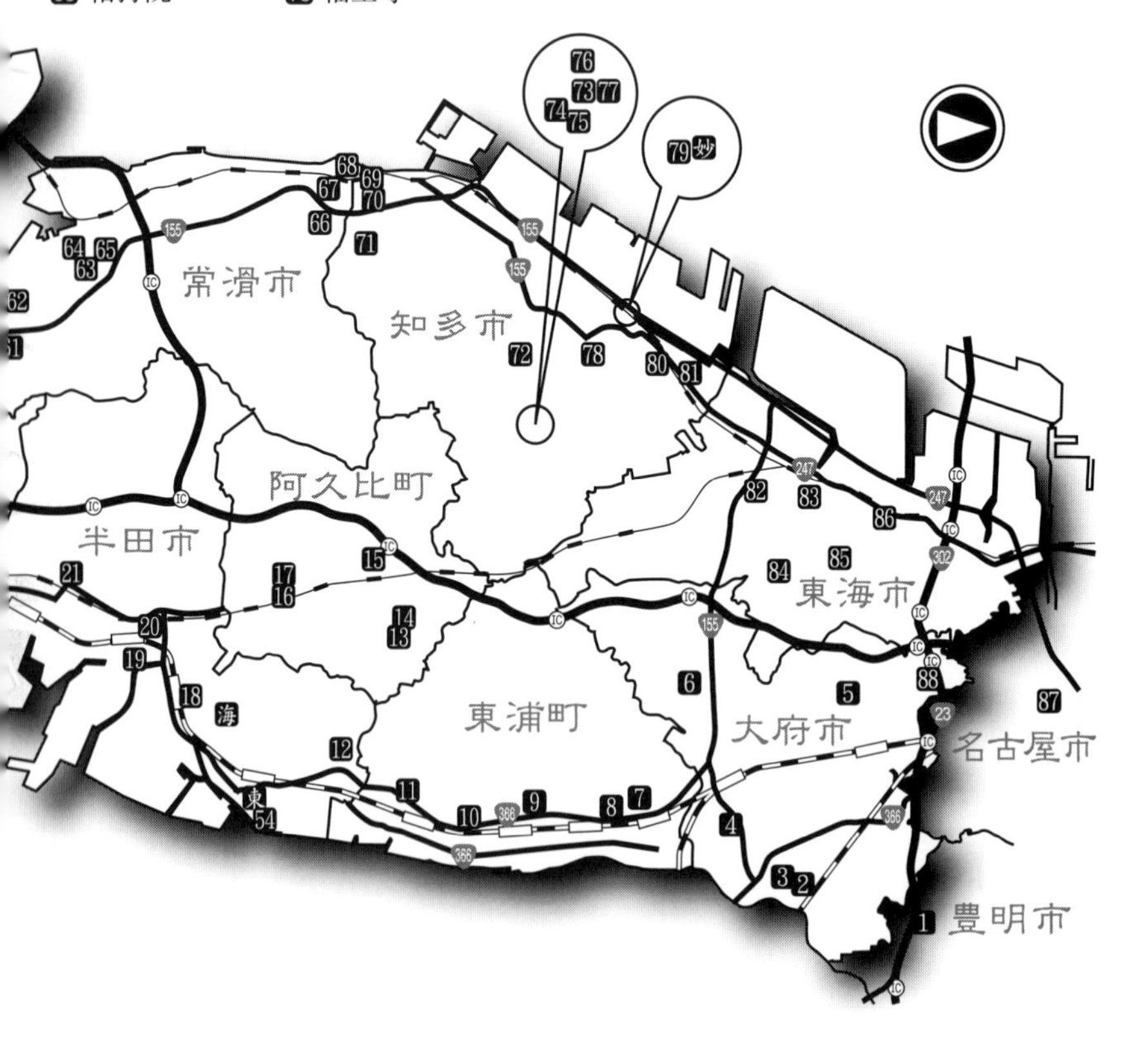

1 曹源寺
2 極楽寺
3 普門寺
4 延命寺
5 地蔵寺
6 常福寺
7 極楽寺
8 傳宗院
9 明徳寺
10 観音寺
11 安徳寺
12 福住寺
13 安楽寺
14 興昌寺
15 洞雲院
16 平泉寺
17 観音寺
18 光照寺
19 光照院
20 龍台院
21 常楽寺
22 大日寺
23 蓮花院
24 徳正寺
25 圓観寺
26 弥勒寺
27 誓海寺
28 永寿寺
29 正法寺
30 医王寺
31 利生院
32 宝乗院
33 北室院
34 性慶院
35 成願寺
36 遍照寺
37 大光院
38 正法禅寺
39 医徳院
40 影向寺
41 西方寺
42 天龍寺
43 岩屋寺
44 大宝寺
45 泉蔵院
46 如意輪寺
47 持宝院
48 良参寺
49 吉祥寺
50 大御堂寺
51 野間大坊
52 密蔵院

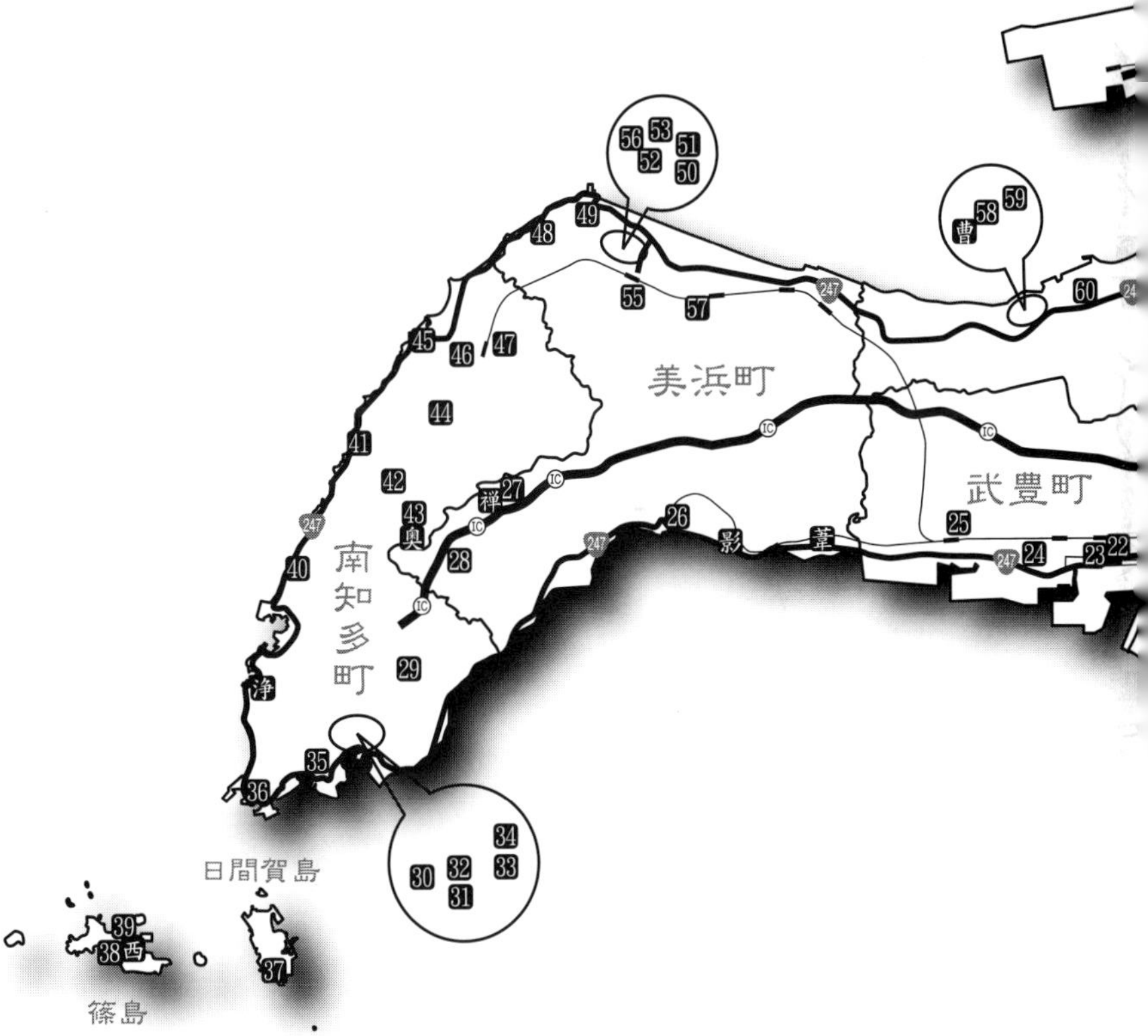

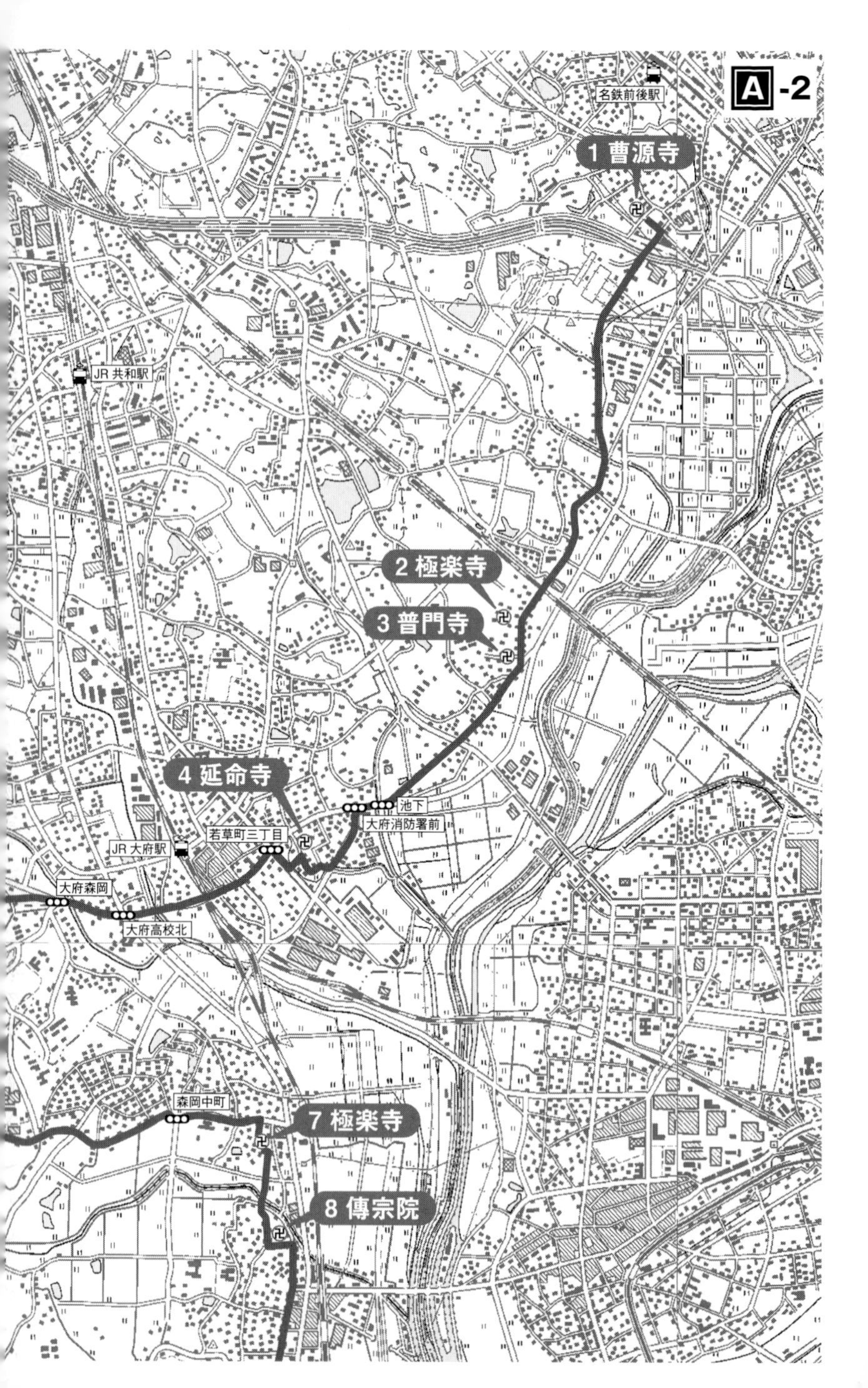

A-2
名鉄前後駅
1 曹源寺
JR 共和駅
2 極楽寺
3 普門寺
4 延命寺
池下
大府消防署前
若草町三丁目
JR 大府駅
大府森岡
大府高校北
森岡中町
7 極楽寺
8 傳宗院

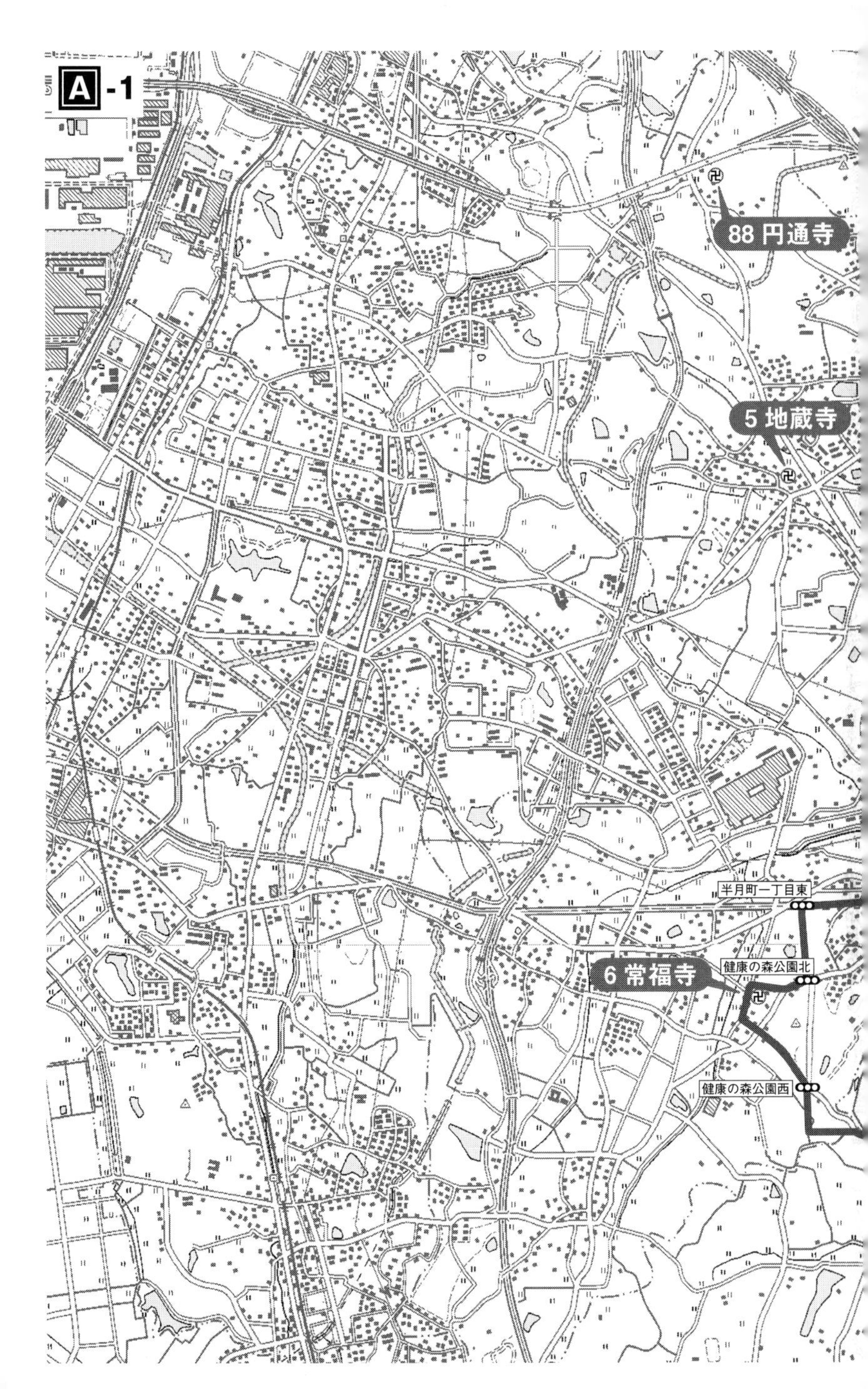
A -1
88 円通寺
5 地蔵寺
半月町一丁目東
6 常福寺
健康の森公園北
健康の森公園西

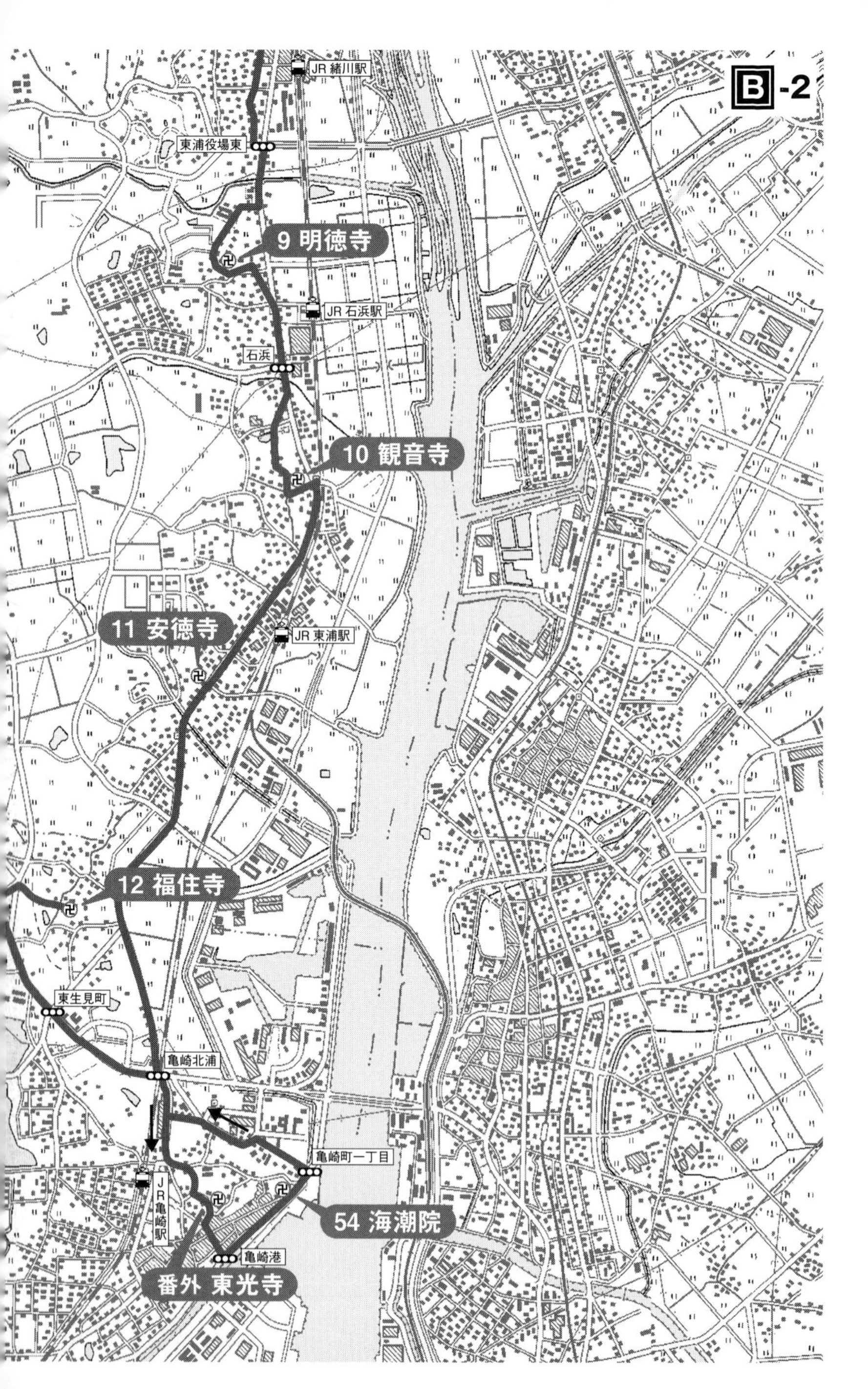
B-2
JR 緒川駅
東浦役場東
9 明徳寺
JR 石浜駅
石浜
10 観音寺
11 安徳寺
JR 東浦駅
12 福住寺
東生見町
亀崎北浦
亀崎町一丁目
JR亀崎駅
54 海潮院
亀崎港
番外 東光寺

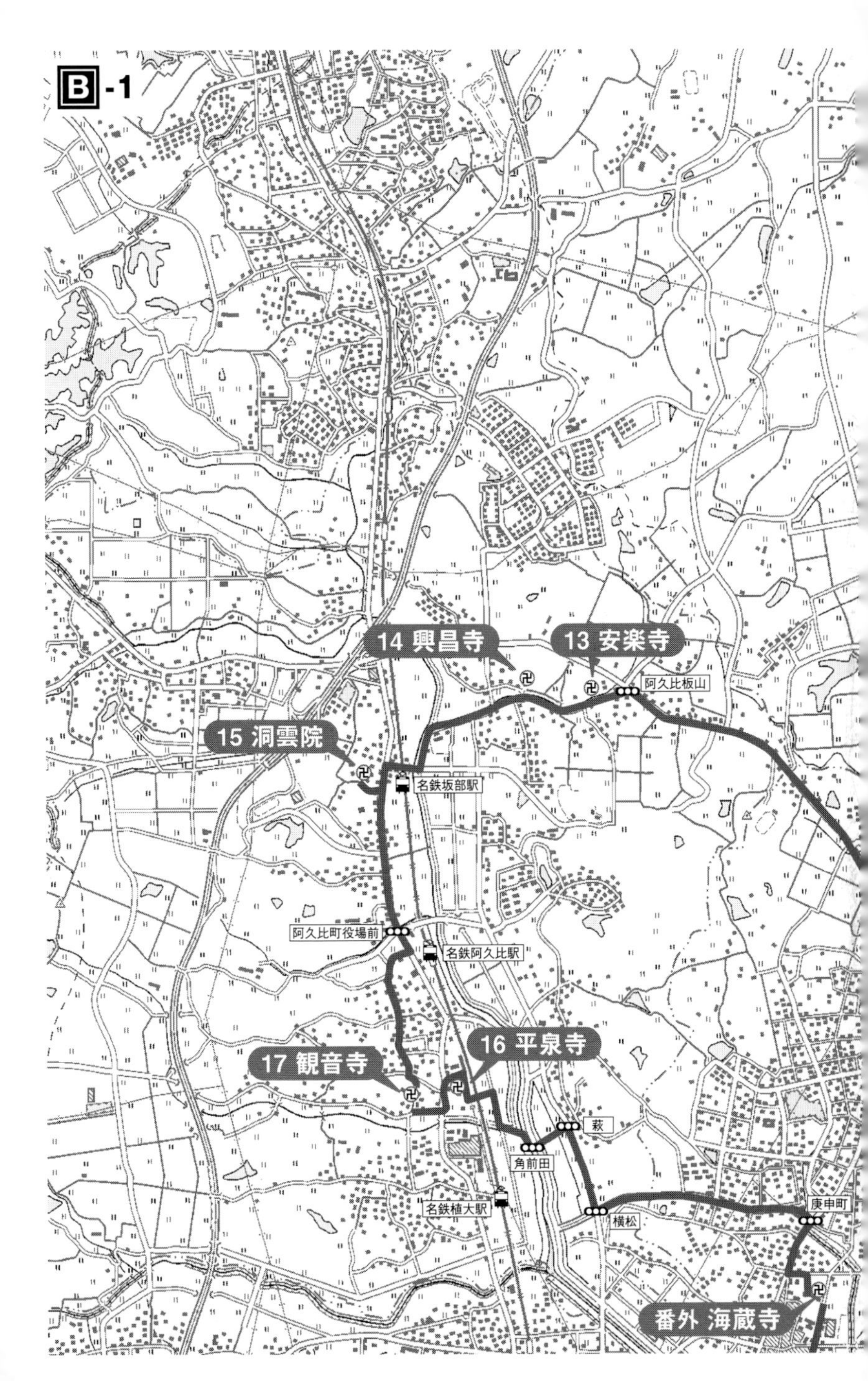

B-1
14 興昌寺
13 安楽寺
阿久比板山
15 洞雲院
名鉄坂部駅
阿久比町役場前
名鉄阿久比駅
16 平泉寺
17 観音寺
萩
角前田
名鉄植大駅
横松
庚申町
番外 海蔵寺

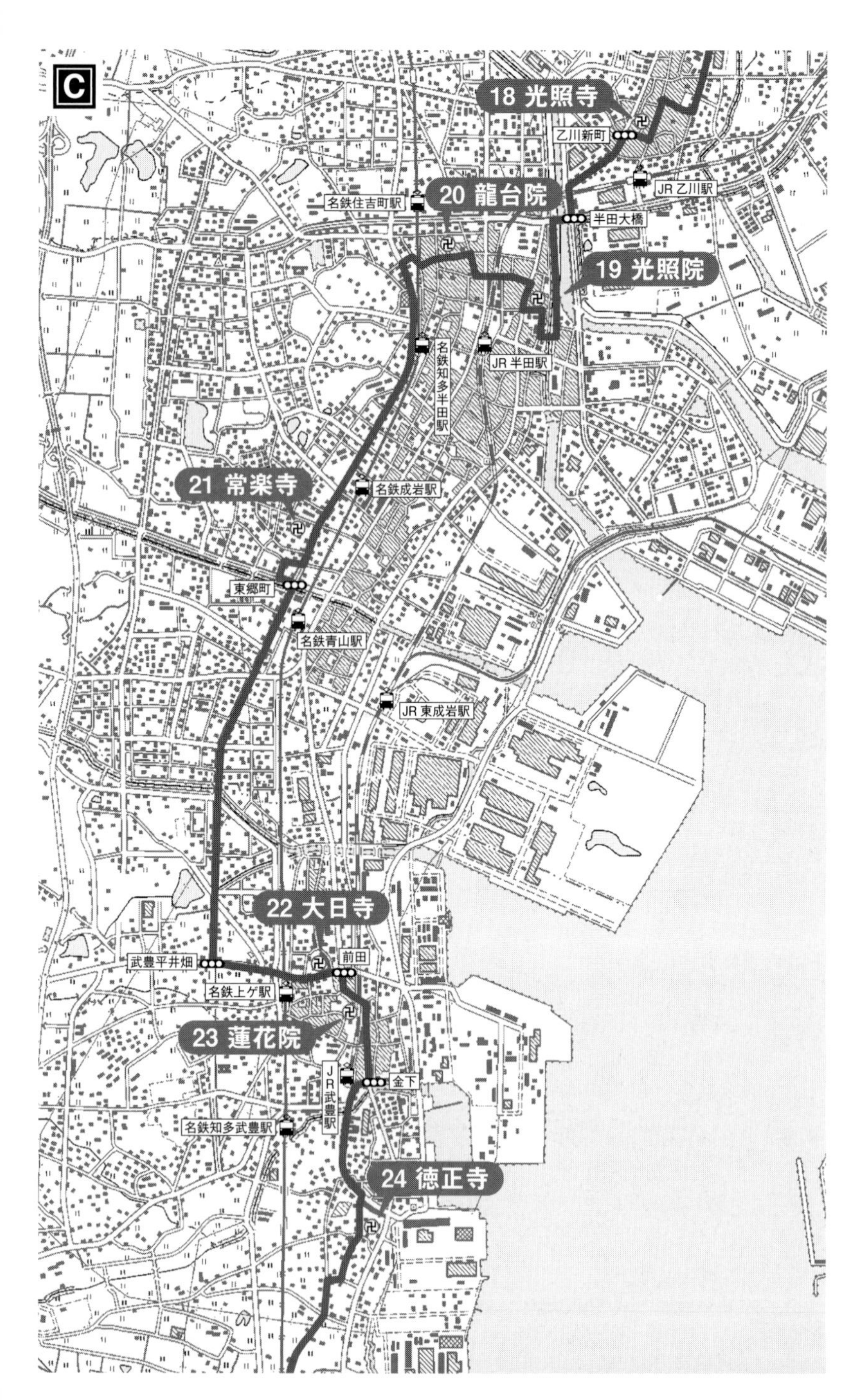
C
18 光照寺
乙川新町
JR 乙川駅
20 龍台院
名鉄住吉町駅
半田大橋
19 光照院
名鉄知多半田駅
JR 半田駅
21 常楽寺
名鉄成岩駅
東郷町
名鉄青山駅
JR 東成岩駅
22 大日寺
武豊平井畑
前田
名鉄上ゲ駅
23 蓮花院
JR武豊駅
金下
名鉄知多武豊駅
24 徳正寺

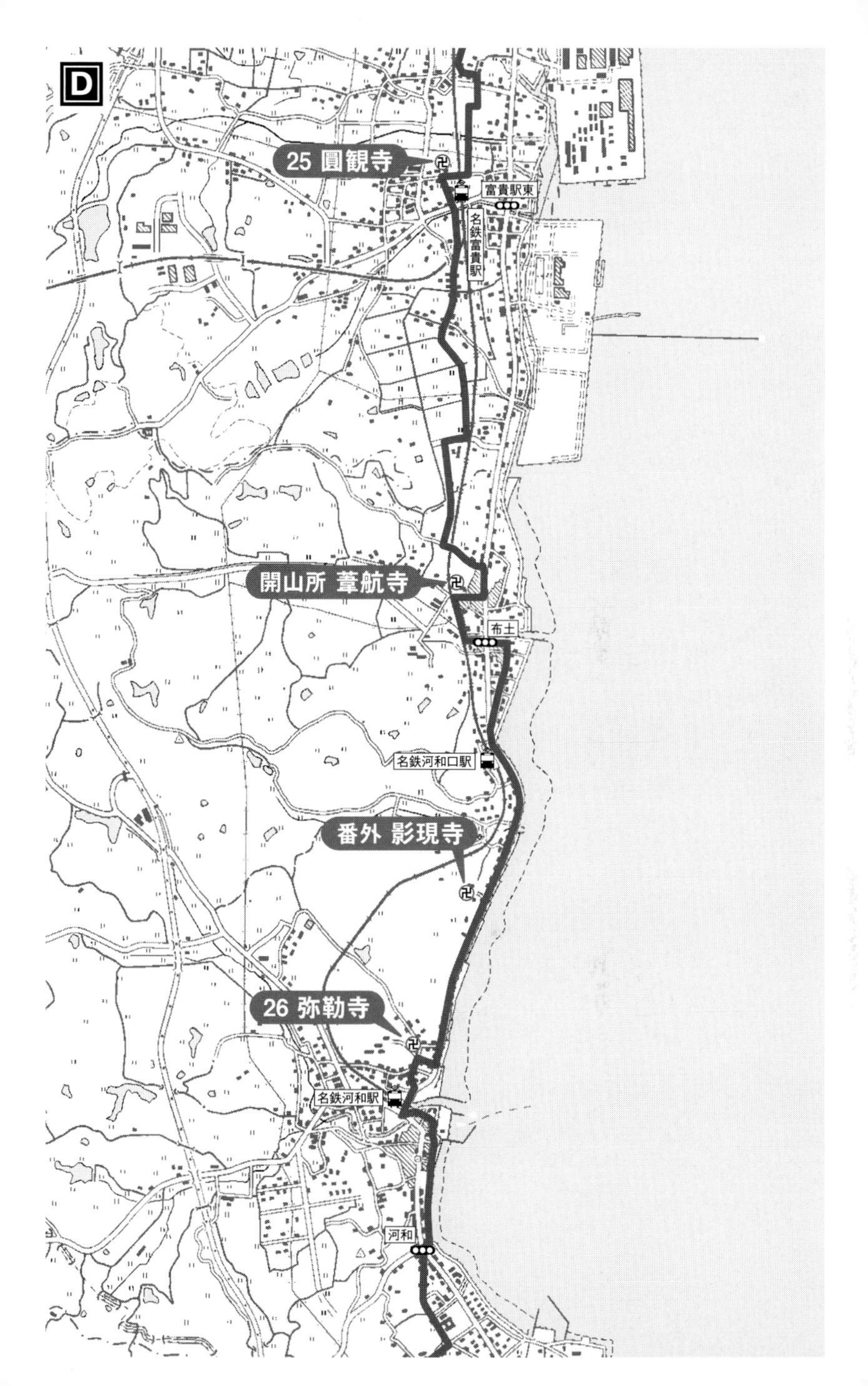
D
25 圓観寺
富貴駅東
名鉄富貴駅
開山所 葦航寺
布土
名鉄河和口駅
番外 影現寺
26 弥勒寺
名鉄河和駅
河和

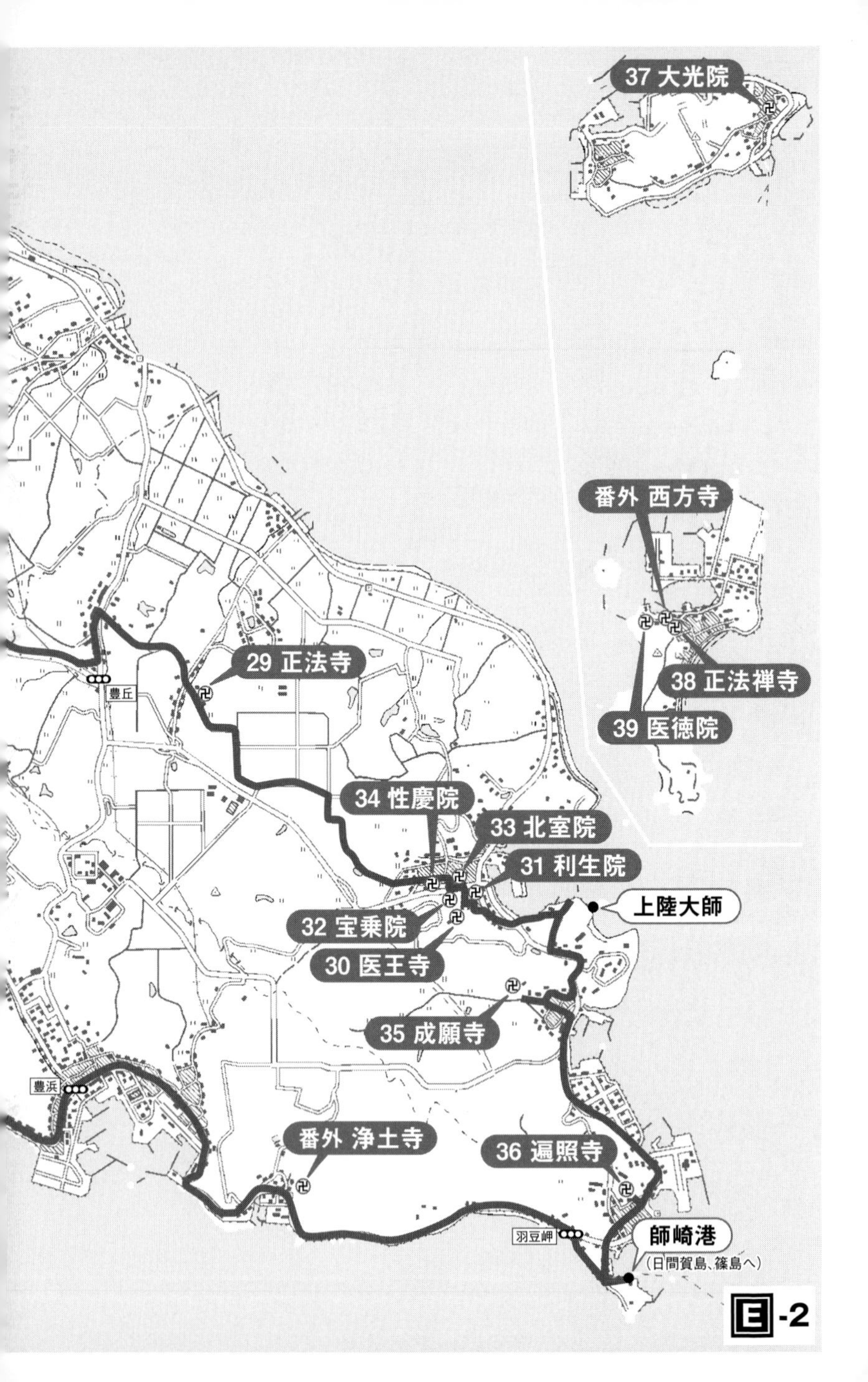
37 大光院
番外 西方寺
38 正法禅寺
39 医徳院
29 正法寺
豊丘
34 性慶院
33 北室院
31 利生院
上陸大師
32 宝乗院
30 医王寺
35 成願寺
豊浜
番外 浄土寺
36 遍照寺
羽豆岬
師崎港
(日間賀島、篠島へ)
E-2

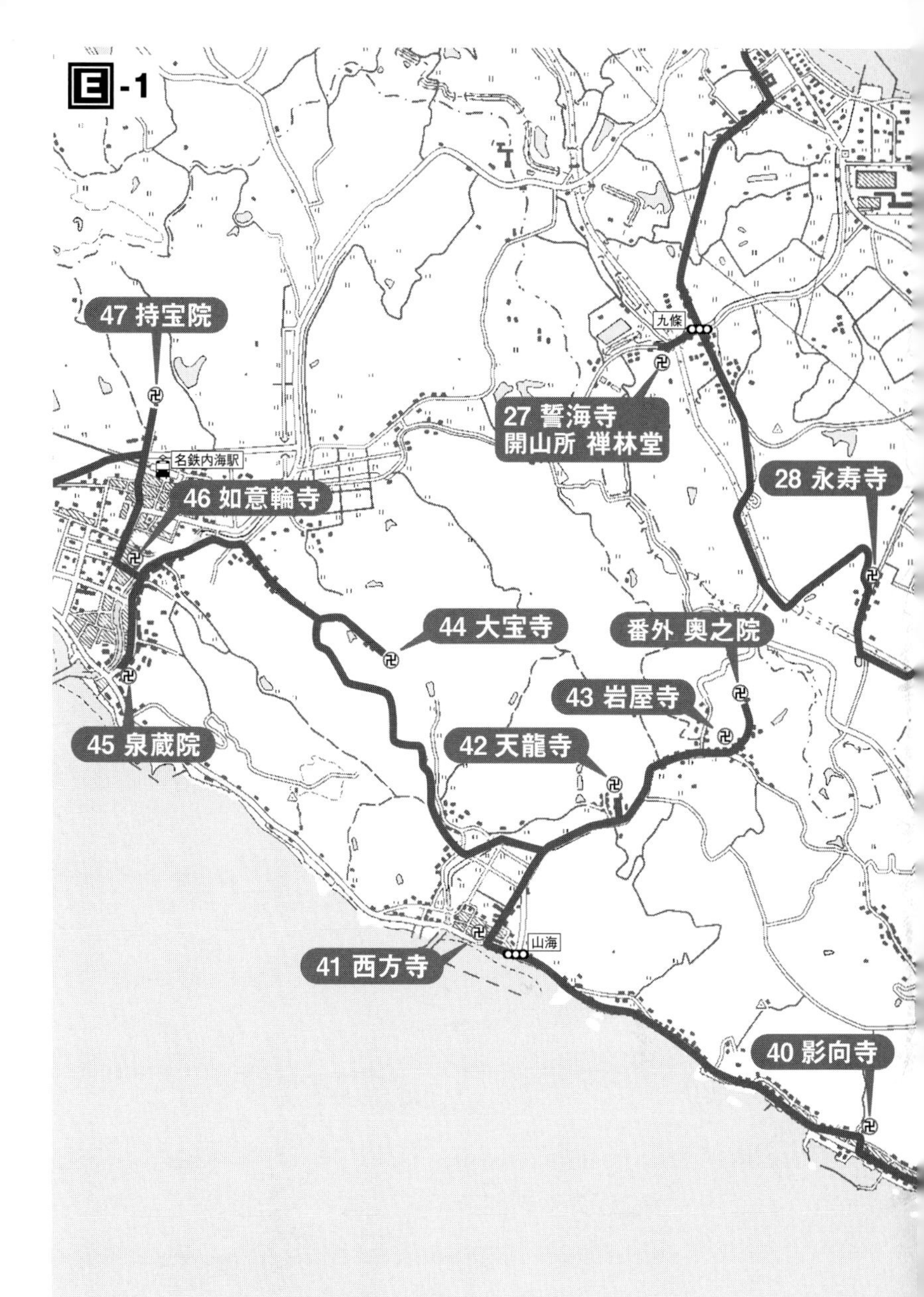
E-1
47 持宝院
名鉄内海駅
46 如意輪寺
45 泉蔵院
44 大宝寺
27 誓海寺
開山所 禅林堂
九條
28 永寿寺
番外 奥之院
43 岩屋寺
42 天龍寺
41 西方寺
山海
40 影向寺

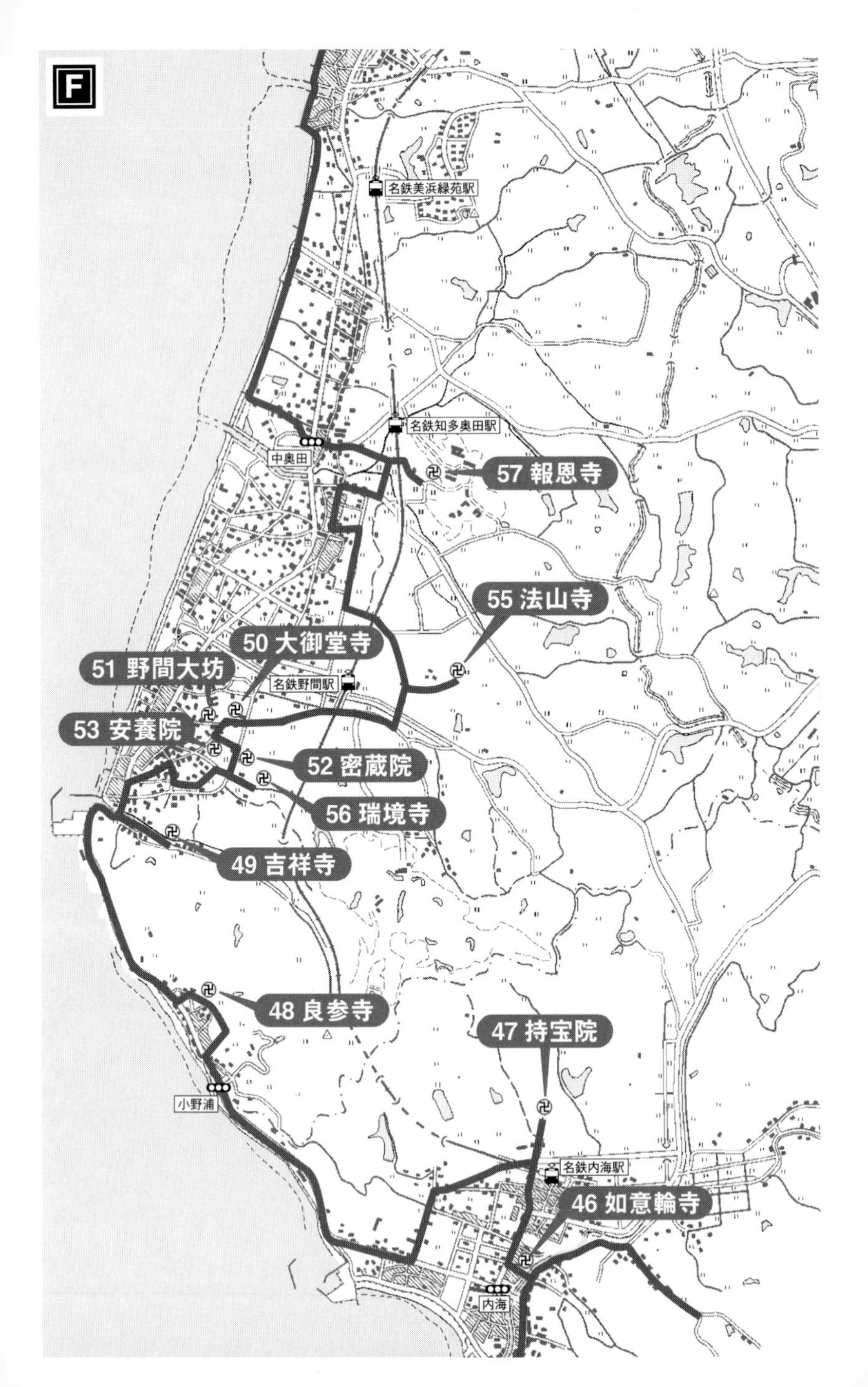
F
名鉄美浜緑苑駅
名鉄知多奥田駅
中奥田
57 報恩寺
55 法山寺
50 大御堂寺
51 野間大坊
名鉄野間駅
53 安養院
52 密蔵院
56 瑞境寺
49 吉祥寺
48 良参寺
47 持宝院
小野浦
名鉄内海駅
46 如意輪寺
内海

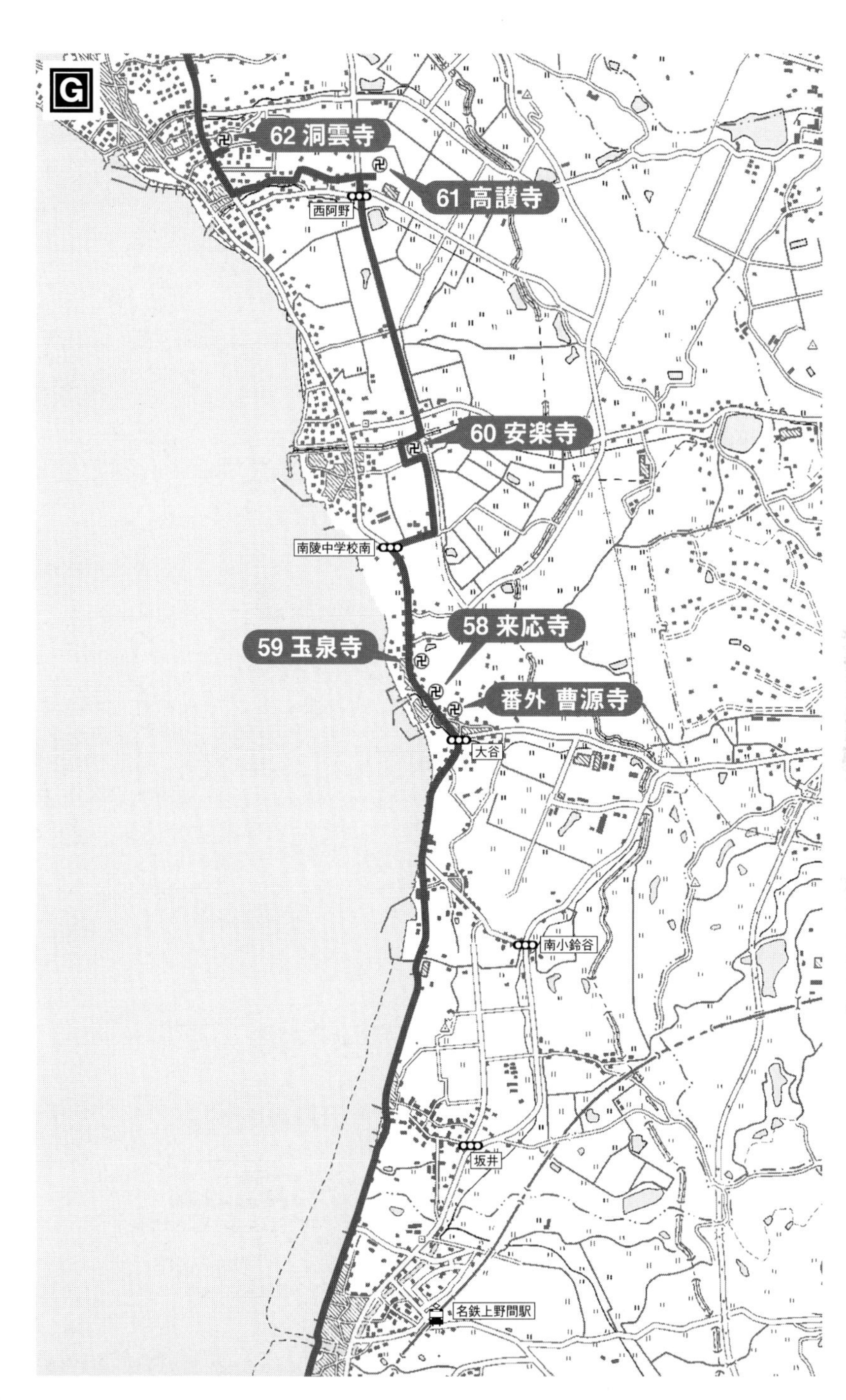
G
62 洞雲寺
61 高讃寺
西阿野
60 安楽寺
南陵中学校南
58 来応寺
59 玉泉寺
番外 曹源寺
大谷
南小鈴谷
坂井
名鉄上野間駅

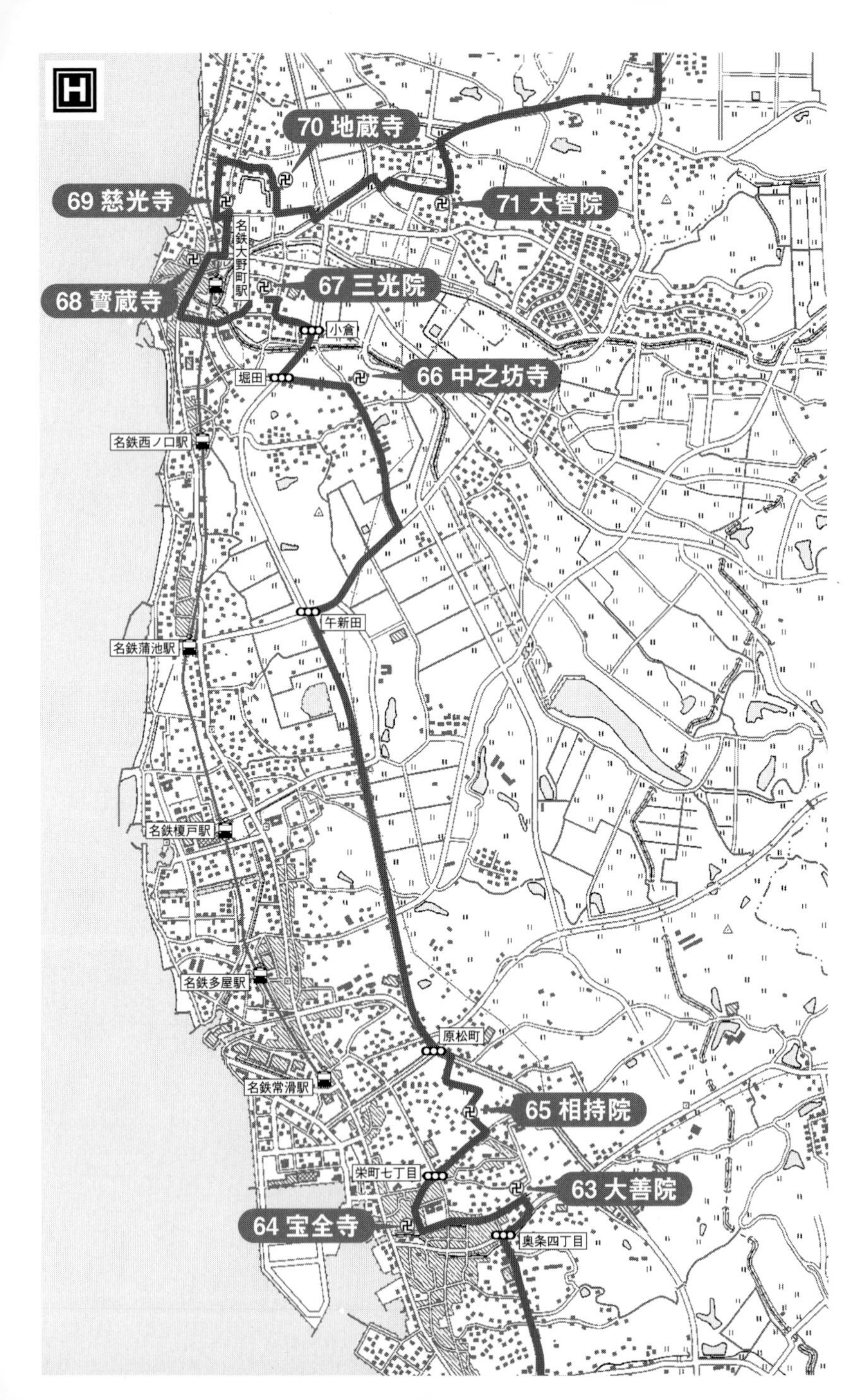

H
70 地蔵寺
69 慈光寺
71 大智院
名鉄大野町駅
67 三光院
68 寶蔵寺
小倉
堀田
66 中之坊寺
名鉄西ノ口駅
午新田
名鉄蒲池駅
名鉄榎戸駅
名鉄多屋駅
原松町
名鉄常滑駅
65 相持院
栄町七丁目
63 大善院
64 宝全寺
奥条四丁目

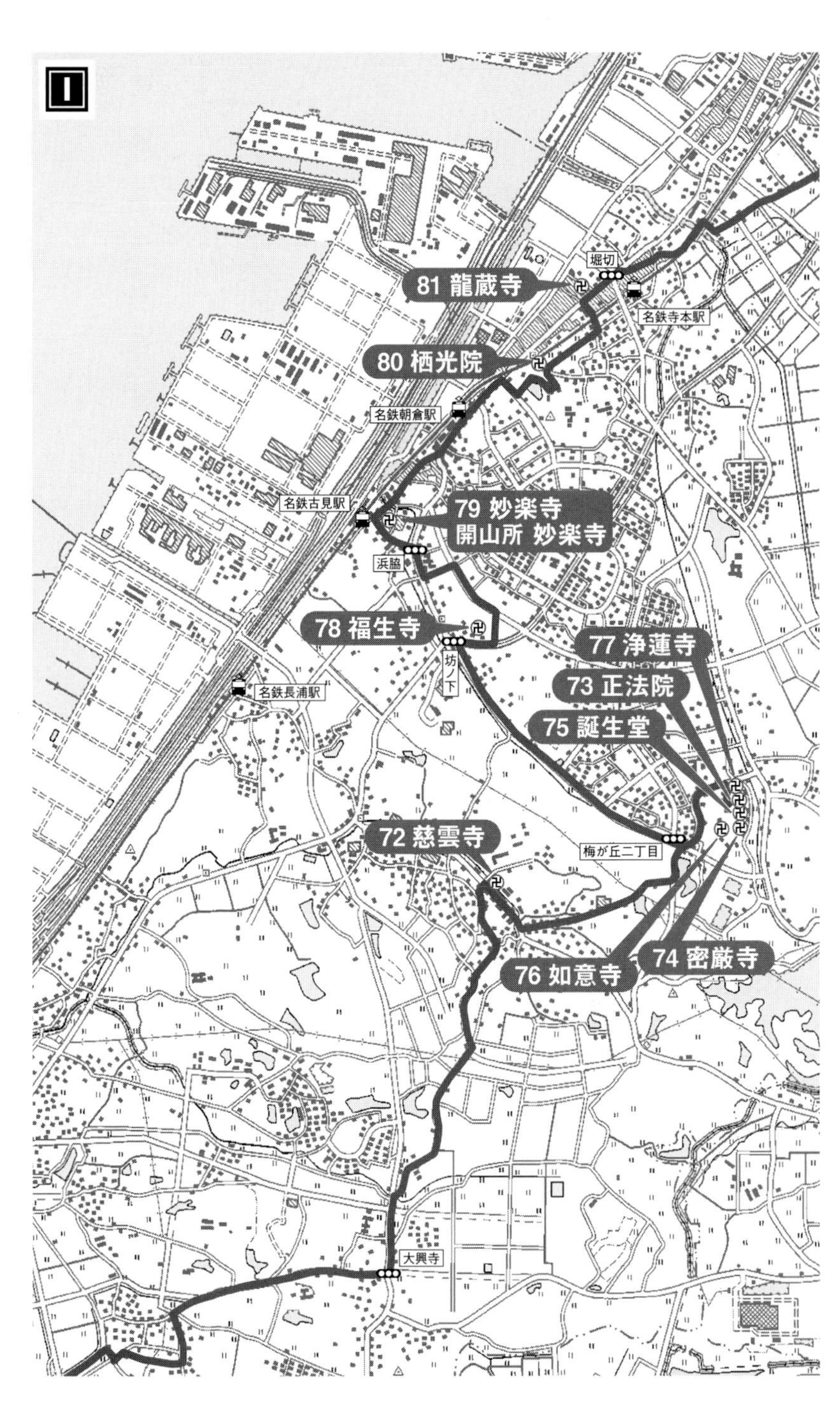
I
堀切
81 龍蔵寺
名鉄寺本駅
80 栖光院
名鉄朝倉駅
名鉄古見駅
79 妙楽寺
開山所 妙楽寺
浜脇
78 福生寺
坊ノ下
名鉄長浦駅
77 浄蓮寺
73 正法院
75 誕生堂
72 慈雲寺
梅が丘二丁目
74 密厳寺
76 如意寺
大興寺

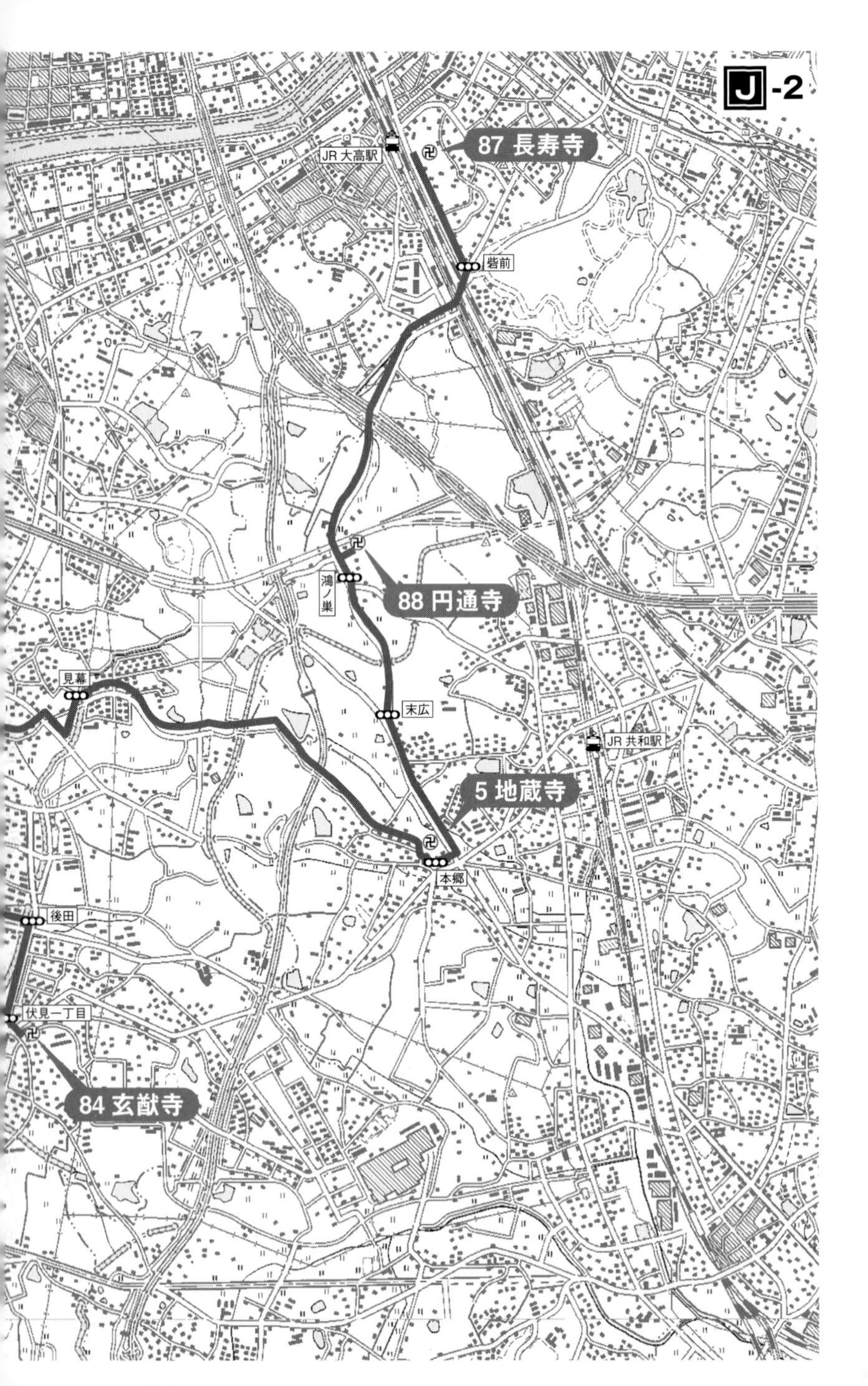

J-2
87 長寿寺
JR 大高駅
砦前
88 円通寺
鴻ノ巣
見幕
末広
JR 共和駅
5 地蔵寺
本郷
後田
伏見一丁目
84 玄猷寺

J -1
86 観音寺
名鉄新日鉄前駅
富貴ノ台二丁目
85 清水寺
83 弥勒寺
寺下
名鉄太田川駅
82 観福寺
名鉄高横須賀駅
高横須賀町五丁目
名鉄尾張横須賀駅

■参考文献

『知多四国めぐり』第六版／半田中央印刷
『知多新四国八十八箇所めぐり』／タウン誌知多っ子
『知多四国88ケ所巡り完全ガイド』真野由紀江／海越出版社
『知多四国八十八所遍路』知多四国霊場会編・冨永航平／朱鷺書房
『知多巡礼紀行』知多四国霊場会監／樹林舎
『図説 愛知県の歴史』林 英夫編／河出書房新社
『シリーズ愛知2 知多の歴史』福岡猛志／松籟社　ほか

制作協力／髙木靖司
口絵イラスト／稲垣尚美

遍路 知多めぐり 改訂版

2012年10月20日 初版1刷発行
2015年11月4日 改訂版1刷発行

監　　修 知多四国霊場会

編集制作 樹林舎
〒468-0052 名古屋市天白区井口1-1504-102
TEL: 052-801-3144 FAX: 052-801-3148
http://www.jurinsha.com/

発 行 所 株式会社人間社
〒464-0850 名古屋市千種区今池1-6-13 今池スタービル2F
TEL: 052-731-2121 FAX: 052-731-2122
http://www.ningensha.com/

印刷製本 モリモト印刷株式会社

ISBN978-4-931388-94-9 C0026